加爾默羅靈修

凡尋求天主，深感除天主外，
心靈無法尋獲安息和滿足的人，
會被吸引，進入加爾默羅曠野。

祈禱的美麗境界

祈り

奧村一郎神父◎著

加爾默羅聖衣會・林安妮◎譯

CONTENTS

目錄

· CONTENTS ·

· CONTENTS ·

作者寫給中文讀者的話

承蒙加爾默羅聖衣會的美意，有機會把拙著《祈禱的美麗境界》一書介紹給中文讀者，我由衷感激。

這小小的一本書，是以東方文化為背景寫的，若能成為基督宗教的靈修食糧，對我而言，真是莫大的榮幸和喜樂。

奥村一郎

編按：此段話寫於中文版二〇〇六年首度出版時。

作者簡介

奧村一郎神父（Fr. Augustine Ichiro Okumura, 1923~ 2014）

一九二三年出生於日本的佛教家庭。二〇一四年六月四日病逝東京。

一九四七年畢業於東京大學法學院，一九四八年領洗成為天主教的基督徒，時年二十五歲。

一九五一年獲東大文學碩士學位。同年於法國亞味農入赤足加爾默羅男修會。

一九五七年在羅馬被祝聖為神父，一九五九年得到神學碩士學位，一九七九年修完法國昂熱 Angers 神學院的博士學位。

一九七九年起，他是天主教教宗宗座宗教交談委員會的諮議。一九八七年，他被任命為日本赤足加爾默羅會的準省會長。

一九九二年起，他成為加爾默羅會國際靈修與神學省思委員會的委員，他同時是日本主教團宗教交談，及禪與基督徒學術討論會的成員。

奧村一郎神父的作品和研究多半論及祈禱、默觀和宗教交談，特別是禪與基督信仰的對話。日文版《祈り》（即本書）自出版後，幾乎年年再版，並有多種外文譯本：包括英、法、西、義、德、荷蘭、韓、繁體中文等語文等。

奧村神父其他的著作包括：《伴隨吾主：十字架的道路》（主とともに，暫譯）、《深度欣賞聖經的方法》（聖書深読法の生いたち：理念と実際，暫譯）、《偶然想起的片段思緒》（断想——足元を深く掘れ，暫譯）、《奧村一郎選集》共九卷，由東方之光宗教研究所（Oriens Institute for Religious Research）出版。

他在多種語文的宗教雜誌上發表多篇專文，包括法文版 Carmel 雜誌刊載〈禪、超越、臨在和自由〉（*Le Zen, depasement, presence et libreté*，暫譯）。

譯有聖十字若望著《攀登加爾默羅山》日文版。

改版聲明

編者按：

本書的日文書名為《祈り》，一九九四年首度翻譯成英文本，由美國加爾默羅靈修學會出版社（ICS Publications）出版，中文版於二〇〇六年初版，是由加爾默羅聖衣會依英文譯本 *Awakening to Prayer* 翻譯成中文。

後為紀念中文版問世十週年及奧村神父逝世，特邀台灣女兒、日本媳婦繪本家許書寧繪製插畫，並特邀天主教的基督徒譯者林安妮，按日文原文增補英文版省略的段落，略表中文讀者對奧村神父的敬意與感謝。

本書並特別獲得奧村一郎神父所隸屬的日本赤足加爾默羅會省會長保祿・九里彰神父寫下神父生前的二三事，由旅日醫師佘心漢翻譯，特此感謝。

推薦序一

懷著一顆彼此相愛的心靈

二〇〇九年四月一日，聖神的瑪利亞．奧思定．奧村一郎神父，從我當時任職院長的聖衣會宇治修道院①，轉入東京「櫻町聖若望之家」的特別看護安老院。

因為當時奧村神父的阿滋海默症病況日益嚴重，日夜不分，行為舉止也出了一些狀況。在此之前，神父早已有一段日子不能參加日課，也不能舉行彌撒，此外，言語溝通上發生了困難。於是，我們判斷神父不能再度修院的團體生活，需要轉入安老院。

過了不久，我收到「聖若望之家」修女的來函。信中記述安老院書法班的一段插曲。修女放上一張白紙，客氣地對奧村神父說：「請神父也寫幾個字，好嗎？」神父寫了「彼此相愛」，讓周圍的人非常驚訝佩服。

我看了信中的這個插曲，非常驚奇，因為在宇治修道院時，奧村神父連自己的名字都忘了怎麼寫。有訪客帶著神父的著作，希望神父簽名留念，神父自己不會寫，我也不能代簽，於是神父看著我寫的「奧村一郎」四個字，他慢慢地描寫。這樣情

1. 位於日本京都府宇治市。

況的神父，竟能用毛筆寫下「彼此相愛」這幾個字，使我震驚不已。

奧村神父住進安老院之前兩年，ORIENS（東方之光）宗教研究所出版了《奧村一郎選集》，共有九卷。本書《祈禱的美麗境界》，並不包含在選集之內，但我認為它是奧村神父的代表作，是所有作品中的寶珠。選集第三卷「追求日本的神學」中，記載奧村神父早年傾心於佛教禪宗，排斥基督宗教為邪教，後來卻像聖保祿宗徒一樣，體驗了戲劇化的悔改、領洗、獨自前往法國，加入了聖衣會。我們可以在他的著作中看出，奧村神父一生的靈魂軌跡，就是以東方的日本基督徒自居，一心一意地探求生根在東方擁有其獨特性的基督宗教。

在「禪宗與基督宗教的懇談會」，或是「東西宗教交流學會」等的東西方靈修交流的場合，神父並不贊同所謂的「萬教歸一」及「所有的宗教，最終的目標都相同」的想法。奧村神父的想法，在他晚年時漸漸演變成，是以福音中彼此相愛為出發點的「關係的神學」（reason detail）；也就是說，他確信，若不是與耶穌基督深深的結合，基督徒就沒有他存在的意義了。（請參閱《奧村一郎選集》出版序言）

奧村一郎神父如同聖保祿宗徒，遇到了復活的基督：

「不但如此，而且我將一切都看作損失，因為我只以認識我主基督耶穌為至寶；為了祂，我自願損失一切，拿一切當廢物，為賺得基督。」（《新約聖經・斐理伯人書》三章8節）

「彼此相愛」就是關係神學的中心。神父在他的著作中不斷地主張：耶穌基督的誡命，不是愛你的「近人」，而是「彼此相愛」。這就像在最後晚餐中，耶穌不只是為背叛祂的門徒洗腳，甚至更是，死於十字架上的耶穌基督，寬赦了祂的敵人那般的「彼此相愛」。

「我給你們一條新命令：你們該彼此相愛如同我愛了你們，你們也該照樣彼此相愛。如果你們之間彼此相親相愛，世人因此就可認出你們是我的門徒。」（《若望福音》十三章24、35節）

失去言語，又不能說話，也不能寫字的奧村一郎神父，竟能在「若望之家」的書法班上寫下了「彼此相愛」這幾個字。想必這是經歷先前日本互相殘殺的戰爭、戰後為基督徒之後，更將自己的一生，奉獻為加爾默羅會士的奧村神父，針對當今全世界生活在充滿著暴力與連環恐怖中的人們，為了我們下一代的子女，更為了所有的人類，所提出的最真心忠告吧！

二〇一四年六月四日，奧村神父返回天父老家，結束了他九十一年的生活。他的最後五年，是完全被剝奪的十字架苦路。這苦路正相似奧村神父所翻譯的《攀登加爾默羅山》日文版之中的虛無之路，他不是真正的成為一個「神嬰孩童樣的人」、「神貧的人」嗎？

六月四日下午，神父的遺體由「若望之家」返回東京上野毛男會士的會院，安放在經堂的中央，直到六日的守夜禮為止，我們每天圍著神父的遺體，誦唱日課，他的遺容漸漸發出了神聖的光輝，難道這只是我的錯覺嗎？

保祿．九里彰（Rev. Paul Akira Kunori）
赤足加爾默羅會日本省會長

感謝旅日余心漢醫師翻譯

推薦序二

日文版前言

大概是十三年前的事了吧，我讀到奧村神父一篇關於祈禱的論文。文中，奧村神父以「忘了怎麼唱歌的金絲雀」來形容遺忘祈禱的現代人，這個比喻深深打動了我。自此之後，我常常在想，奧村神父若能從自身祈禱的體驗出發，詳述祈禱這件對人們來說最重要的事，付梓出版，那將會造福多少人呢？而今，我的願望有幸實現。

特別是在當代，能夠深入探究關於祈禱的課題並且好讀易懂，這樣的出版品比什麼都重要。幾年前，我曾聽過一位印度神父的講道。他高聲指出，現代西方基督徒以「生活即祈禱」為藉口，認為已不再需要特別為祈禱撥出時間，這是致命的錯謬。他繼續呼籲，在與基督宗教相遇以前，東方人已從生命經驗中明白，祈禱有其絕對的必要性；時至今日，相對於西方的弟兄姊妹，對個人也好，或對每個基督徒來說，這些東方人早已為我們證明祈禱是何等重要。我想，奧村神父的這本書，應該能夠大大滿足這位印度神父的願望。我更衷心期盼，不只日本人能讀這本書，有朝一日它也能被翻譯成其他外文，讓西方的基督徒也能廣泛閱讀。

奧村神父對佛教、特別是在禪修上累積了深入的研究之後，領洗成為天主教會的一員；此外，更在擁有優秀祈禱傳統的加爾默羅會度過悠久的默觀生活，著述這樣的作品，奧村神父可說是最合適不過的人選。在本書中，藉著奧村神父的話，可以明顯看出何以「就算生活即祈禱的理想本身是非常美好的，但光是這樣，會讓人失去祈禱」的深刻理由，並且充分指出應如何跨越現代人在祈禱一事上遇到的困惑。奧村神父運用水、水分、水庫、竹節……等種種明確的比喻，在前往深刻祈禱的路上，懇切引導著讀者前進。

祈禱確實並不只有表面，若無法觸及祈禱內層和根源的部分，無法在天主之內安穩心神，就無法成就基督徒祈禱最原本的姿態。「在天主面前棄絕自我，專一的決定」，才是真正的祈禱。而這樣的祈禱，和愛有著密不可分的關係。作者跟隨聖女大德蘭的教導，認為「祈禱的本質在於愛得多」，說明祈禱是由愛而生的「靈魂的呼吸」。最後，在天主之內變得純粹透明，恰是人們祈禱時真實的樣貌，以此為文作結。

本書指出，祈禱是全然單純的，但也絕對不是常見的技能，祈禱是因著聖神的吹拂而生，人類最崇高且深遠的行為，是人的一生中應當追求的貴重珍寶。閱讀本書的讀者，可以知道自己的祈禱離真正的祈禱到底有多遠，自然而然在心裡產生對祈禱的嚮往；同時也可學習到，深刻的祈禱並非專屬於少數的宗教家或專業人士，對所有人來說，祈禱是和呼吸一樣自然且必要的。有此確信的人若能與日俱增的話，相信不只對教會的未來至關重要，對人類全體的未來而言，也非常重要。

耶穌會士 P. Nemeshegyi Péter S.J.
一九七四年九月三日

作者簡介：

Nemeshegyi 神父一九二三年生於匈牙利布達佩斯，一九四四年入耶穌會，二戰後逃離共產黨，於羅馬宗座額我略大學取得神學博士。一九五二年晉鐸，隨後奉派至日本傳福音逾四十年。一九七三至七八年擔任日本上智大學神學院院長。一九九三年退休後返回母國，繼續神學教育。二〇二〇年以九十七高齡逝世於布達佩斯。

推薦序三

英文版前言

自梵蒂岡第二屆大公會議②閉幕，迄今已二十餘年，這些年來，精心致力於嘗試開創亞洲神學。的確，明達哲士意識到亞洲神學是今日教會的急需之一。所以我們看到在菲律賓、韓國和日本都專注於培養這神學。不過，這些努力不容易落實於中國大陸，從海外觀望中國的人們看得出來，真正本土化的中國神學有極大的需要。

在日本，關於克修和神祕神學，或更簡單地說，在祈禱神學上已有了長足的進步。過去的幾個世紀，這個領域一直被西方神學的主流忽略，但並非總是如此的。奧斯定、納德和多瑪斯的神學中，充滿祈禱的精神，但比較近代的神學卻把祈禱拋到幕後。

然而，亞洲神學不能忽視祈禱或默禱，為此之故，奧村一郎神父的書確實極具重要性。奧村神父是日本人，出身於日本的默觀傳統，他通曉禪學和佛教傳統。曾經住過日本的人知道，當地的整個氛圍瀰漫著默觀。蠻有意思的是，我們會發現那

2. 於一九六二至一九六五年在梵蒂岡舉行，簡稱梵二，是天主教會第二十一次普世性教務會議，由天主教教宗若望廿三世召集。這次會議最顯著的創新是邀請了基督新教及東正教會，一些教會也應邀派遣代表與會。

些自稱是無神論的人，竟然也會有寧靜的默觀和內在的靜默。因此，神父能寫下「無神論者的祈禱」這般的主張。西方人士耳聞此事，無不深覺怪異，但在日本卻絲毫不引以為怪。奧村一郎神父不只熟識東方的無神論，對西方無神論者亦然。無論如何，該注意到，當一位佛教徒談到「空」，及一位存在主義者，如沙特，論及「空虛」時，他們意旨的根本不是這回事。

新的亞洲神學在日本快速地發展。到處都可以看見，基督徒在祝聖過的聖體前打蓮花座，或按日本傳統席地跪坐。這個趨勢必會持續發展，我們深信在未來的幾十年內，這個默觀精神對普世教會將有深遠的貢獻。

當然，在此祈禱的範疇內，最大的挑戰是尋覓一條道路，使之不但完全是亞洲的，也徹底是基督徒的，就是說，最大的挑戰在於找到亞洲的祈禱方式，同時兼具福音和聖體聖事的根基。閱讀奧村一郎神父著作的讀者看得出來，神父致力於融合亞洲和福音。這確實是未來的基督徒之路。

耶穌會士　威廉·強斯頓（Fr. William Johnston S.J.）

識於日本東京上智大學

作者簡介：

愛爾蘭裔耶穌會士，在日本居住逾四十年。專研祈禱的神祕經驗，在東西方皆享盛名。著有《神祕神學》（*Mystic Theology*）、《不知之雲的神祕主義》（*The Mysticism of the Cloud of Unknowing*）等。

推薦序四

○的魅力

友人從新竹芎林給我帶來《祈禱的美麗境界》譯稿，他說這是一本由日本聖衣會神父所寫有關佛耶交談的靈修書，由台灣聖衣會修女譯成中文，聖衣會修女希望筆者為此書寫序。

譯者在近四十年前修過我教的存在哲學，她的報告頗有存在感，所以我把它送到輔大的一個刊物上發表，對其內容我記憶猶新。既然是這樣一位優秀的學生的請求，我感到義不容辭。

讀這本書給我二個感覺，首先是單純。東方靈修通過打坐或禪修叫人潛入「空」與「無」的境界。該書作者奧村一郎神父以「○」來解說這種單純，他要學習祈禱的人放空自已，讓神主動。筆者就把它作為本序的標題：〈○的魅力〉。

其次筆者對譯者的筆觸印象深刻。讀這本書一點不會費力，因為它像行雲流水，又像山泉一樣清明。作者和譯者都是聖衣會會士，該會的傳統把他們陶冶成祈禱的專家，他們彈奏的是天上的音樂。譯者如果沒有加入聖衣會當修女，她會依著她大學主修的哲學來斟酌，就不會用如此素樸的文字來詮釋。這本書像是譯者自己的靈修告白。每一字、每一句都在透露譯者內心的祕密。她卅多年來的祈禱生活使她能昇華及蒸餾出如此秀美的文字。

十年前智庫出版社出版《寂靜之聲》一書，筆者亦應邀為之寫序。《寂靜之聲》與《祈禱的美麗境界》簡直異曲同工，二位靈修大師都從神聖空間中汲取靈感，所以都富詩質，成功地把讀者帶入他們體驗過的樂園。筆者為《寂靜之聲》之序取名為〈一首探入仙界的長詩〉。僅節錄該序之前面一小部分供諸位參考：

〈桃花源記〉的作者把讀者一步一步地帶入仙境，教人忘掉了還有一個塵囂的俗世。《寂靜之聲》的作者通過天主教聖樂的詮釋，把聆聽者領入一個神聖世界，此為修道經驗的神聖空間。葛利果聖樂本來夠美，加上絕妙的文字，竟譜成一首無與倫比的長詩，它反映了每個人內心深處那份寂靜，使人人感到熟悉親切，因為人人心中都有這樣一個神聖空間，只有最純淨的音樂能引領我們進入，我人也在那裏找到了自己的故鄉。

本書作者深透天主教的靈修，對音樂、藝術、文學、哲學、神學的造詣極深，他從多年的修道生活中淬煉出一份卓越的氣質，今藉他誦唱過、默思過、同化過的葛利果聖歌的詮釋，解放了這份凝聚多年的氣質，終於把他的靈魂赤裸裸地呈現在讀者面前，教人看到：宗教和靈修如何可使血肉之軀達到超凡入聖的境地。作者用的是人世言語，但表述的是神聖空間內的感受，使筆者覺得，若是天國有神仙降凡，也不會比他申述得更好，因此只能用文字中最為精純的詩來稱呼它。全書一氣呵成，是一首長詩，是一首教人愛不忍釋的長詩。

筆者在閱讀《祈禱的美麗境界》時有著相同的感觸，因此把上面一段話引述一下，可免重複。希望大家閱讀本書後，可同意我的想法。

「〇」為什麼吸引人？我想廿一世紀的人實在太忙碌太緊張，時間少、事情多，腦袋塞滿資訊，所以對靈修的取捨來說，「無」比「有」更具魅力。打坐和參禪不給資訊，還叫人把自己挖空，變成一無所有：思想真空，面對真空，自已亦變成真空。內外皆空時，壓力不見了，情緒和記憶一起消失，人像從死中復活，或像從母胎中再生，欣見天日。

相反，基督徒的祈禱是有內容的，我們讀《聖經》，瞻想奧蹟，企盼聖神的充滿。總之，我們祈禱時渴望「有」天主的臨在和恩寵。

歸〇是解脫：從責任、煩惱、負面情緒中解脫。東方的靈修叫人歸「〇」，打坐既容易又有效，打坐者只要姿勢對，就能逐入安寧的佳境。其實，哪一個基督徒不嚮往解脫？黃昏或深夜，當人極度疲乏，要祈禱時，他，無法思想，但能靜坐面對天主，在天主內平安休息，甚至跌入夢鄉。

空無寂滅不可能成為基督徒祈禱的終極目的。歸「○」只能成為更上一層樓的準備。巴斯噶（Blaise Pascal, 1623–1662）說得對：人是介乎有限及無限之間的存有。人不能不需要天主的。教宗聖若望保祿二世說：

> 聖十字若望……講的解脫不只是從這個世界解脫，而是為了使自己與那宇宙之外的天主結合，不是涅槃，而是一位「位格的天主」。……佛陀的反省，以及對靈修生活指導的終點，就是加爾默羅神祕主義的起點。人類靈魂積極與消極的淨化，感官與心靈的黑夜，聖十字若望認為，是為了讓人類靈魂被愛的火焰所滲透燃燒，而必有的準備。這也是他主要著作的名稱：「愛的活焰③」。（《跨越希望的門檻》，頁一一五）

教宗一面肯定佛教，一面指出赤貧的靈魂更能體會天主，需要天主。本書鼓吹單純祈禱，為使我們更能讓天主進駐。這與西班牙神祕家提出的明路的單純是類同的。已歸○的純淨靈魂毫不困難地、分秒不缺地活在天主內，祈禱的內容，似有實無，似無實有。

3. 所指即為《愛的活焰》，加爾默羅聖衣會為聖女大德蘭誕生五百周年新譯本，已由星火文化出版。

很高興能接觸本書，先睹為快，欣賞它提供的○的魅力。相信它會受到大眾的歡迎。希望藉著它更多的人能潛入神聖空間，而使自己的生命更靈動、更寬厚。讓我們一起推動歸○運動吧！

作者簡介：

陸達誠神父，天主教耶穌會士，法國巴黎大學哲學博士。輔仁大學宗教學系創系系主任，並職掌耕莘青年寫作會逾三十年。關於祈禱、靈修等文章，常見於天主教會內各刊物。二○○六年教授職榮退，現留輔大兼任教職，並任耕莘青年寫作會會長。

編者按：

本文發表於二○○六年本書繁體中文版初版。

第一章
祈禱前的祈禱

天主教的要理告訴我們：「祈禱是欽崇朝拜天主，感謝祂的慈善，祈求祂賜予恩惠，並寬赦我們的罪過，向祂高舉心神，達到與祂共融。」這個定義是正確的。不過，如果只在此嚴格字義的局限下，祈禱方有可能，那麼，究竟有多少人稱得上在祈禱呢？而且，倘若「祈禱為得到救恩而言是必須的」，那得救的人豈不是少之又少？

那些聲稱「我不知道如何祈禱」，或「我不願祈禱」的人中，無疑確實也有人具有罕見的高貴心思和意念。那麼，我們又要如何解釋祈禱之於獲得救恩的必要性，甚至必須要追問祈禱的底蘊到底是什麼。

即使是那些被認為是遠離天主的無神論者們，我們也不能單純地直說他們已經拒絕了天主。因為，就算人們自認為明確地拒絕天主，天主也從未棄他們於不顧。倘若天主真的捨棄了人類，人類將如流星墜落般消逝。

要否認天主，就必須有另一個天主，或有超越天主的存在；然而，若在兩個天主存在的前提下，要視天主為無限的，必然極度違反天主的本質。因此，非神者想要否認天主時，其所產生的不但不是否認所帶來的勝利，反而會因為想要否認卻否認不了，產生絕望的苦悶。對於這因無法否認天主而存在的恆長挑戰，其塗滿失敗之血的懊惱靈魂，反而成為證實天主存在的弔詭明證。

沙特在他的小說《嘔吐》中寫道：

我們人啊，只是煩惱存在的堆積，連自己都束手無策的東西。我們存在的理由到底在哪裡啊？這個人也好，那個人也罷，各自都在活在漠然的不安和煩惱之中。自己對他人而言，只不過是個「不必要的東西」罷了。多餘的東西……這些樹，這些柵欄，這些石頭，我和這些東西之間有什麼關係。有的話，也只是「多餘的」而已。……而且這個我也是…多餘的東西。恍惚之間我曾想過，為了消除這些多餘的東西，就算一個也好，不如就把我殺掉好了。但是，就連我的死也是多餘的。就是我的屍體，濺滿石塊的血，也很多餘。……而那些被撕裂的肉塊，對大地來說也毫無用處。……我的骨頭，也同樣多餘，結果，我自始至終都是多餘的。

這是一個徹底否認天主的存在主義者，其沒有出口的絕望苦悶，是理想的破滅，他曾夢想一個無視於神的空無存在中，一個逍遙自由的世界。但是，為什麼在捨棄天主時，隱然的不安和懊惱會纏繞著我們的心呢？據說哲學家巴斯噶信奉天主後十分虔誠，在他的大衣內縫上這句話：「喜樂，喜樂，喜樂的眼淚。」沙特挖苦地模仿這句話：「喜樂，喜樂，喜樂的眼淚，天主不存在，阿肋路亞。」他所呼喊著的喜樂，是被一種怎樣殘酷的虛無感給折磨啃蝕著啊！

沙特真的只是個捨棄了天主、卻又無法否認天主的人嗎？他難道不是一個極其苦悶的人，屢屢撕裂人們創作出來的天主諷刺畫作，復向虛空張開那雙因憤怒而發顫的雙手，呼喊著不知名的真天主？我無意對此擅自下判斷，不過我相信，沙特自己在呼喊的同時，內心深處對於那苦苦纏繞著他的隱然不安，全然不知所措。

閱讀沙特在《嘔吐》中的這段話，我隨即聯想到聖多瑪斯指出天主存在的第三點證明，即「從偶然的存有到必然的存在」的論證。換言之，沙特的話，難道不正活脫脫是上述論證的哲學性心理描寫嗎？沙特在否認天主的同時，呼喊天主而不得的苦悶，是否就是他內心承認天主存在最強而有力的證明？在此，我無意論述「沙特的天主」為何。相對於試圖遠離天主的離心意識，與引領人靠近天主的向心意識互為表裡；正足以指出，追求天主的那股無形力量，化為苦悶而顯露出來。

如果祈禱在於尋求天主，那麼，失去天主者的痛苦，正可視為一種尋求真實祈禱之心的苦惱。反之，更好說將這個痛苦稱之為「反面的祈禱」，或「反對者的祈禱」亦不為過。

極惡者，也可能同時是極善者。在許多迫害天主的人中，有時也會像聖保祿[4]一樣，成為天主聖愛的特選之器，然而大多數的人，不管幸與不幸，既不會背叛天主，也不會主動地渴望天主的愛。許多有德行和學問的人，意圖忠實遵循人生的軌道，度「正直的」生活，其中有許多人確實足以稱之為「世上的智者」。他們正如孔子所言：「吾十有五而志於學，三十而立，四十而不惑，五十而知天命，六十而

4. 或稱聖保羅。
5. 康德（Immanuel Kant，1724-1804）哲學家，德國信義宗平信徒。為德國古典唯心主義鋪路。其思想介於英國的經驗主義和歐陸的理性主義之間。主張人的認識由兩個基本的因素整合而來：一為藉由時空框架中的感官經驗，另一為十二範疇的先驗理性行動。天主的存在、人的自由、靈魂的不死性三概念，皆不屬於感官經驗，人無法藉由「純理性」推論、認識之，因此康氏否認傳統形上學。但因此三概念為個人具體人生及社會生活不可或缺的基礎，康氏以「實踐理性」

耳順，七十而從心所欲不逾矩。」（《論語．為政》）

這些人不否認天主，也不輕視祈禱者。不過撇開驕傲不說，顯然地，當他們跪在祭台前時，除了強烈的空，什麼也經驗不到。若說，天主以特殊的方式親臨在一座祭台或聖殿內，在他們聽來會覺得幼稚。對這些人們來說，與其說天主真的存在，不如說是如康德⑤所言，倫理道德的法律寫在人心上，這是他們秉持的美麗信條。這些人信任擁有澄澈理性和洗練良知的自己，甚至擁有傾向斯多噶學派的沉著穩重，確實堪受尊重。

可是在這些自我尊崇者的面孔上，有時會感覺到一種微妙卻又難以言喻的陰影，這難道是我的錯覺？他們確實懂得善度此生，不過卻無法面對最根本的問題，只能擱置不管，例如：「存在是什麼？」或「我是誰？」。這樣的人並非沒有意識到問題，事實上，他們完全明白一旦追問之後將要面臨的危險。他們的明智，讓自己不陷入無底的沼澤，卻也不得不和自己的有限妥協，因此，在他們的面容中才顯露出深刻的寂寥。他們常是歌詠著人生深層哀愁的詩人。對於那不為人知或不欲為人知，即使如此卻仍不知該如何是好的無底軟弱，他們選擇隱藏。然而，在他們沒有料想到的時候，無可忍受的痛苦悄然浮現。也許是某個冷得發顫的雨天，一個人趕路回家時；或是在火車上，望著灰濛濛、暗雲密布的天空時。那看來如常的平凡時光，忽然之間被內心深處的黑色暗礁給打碎。當這事發生時，到目前為止那沉著

肯定此三概念的事實。「純理性」與「實踐理性」集合於一個超越經驗的基礎上，即為先驗自我。著有《純粹理性批判》（*Kritik der reinen Vernunft*，1787）、《實踐理性批判》（*Kritik der praktischen Vernunft*，1788）、《判斷力批判》（*Kritik der Urteilskraft*，1790）等。以上引自《神學詞語彙編》。

穩定如支配者般的自信，剎那間瓦解了。即使如此，他們仍說不出「我的天主」這樣的話，因為他們認為這般神聖的孤寂，在經過人言傳述後，恐有玷汙之虞。然而這個湧自受傷靈魂不為人知的嘆息，在我看來是人類對永恆最美的渴望。

活著而哭泣的人有多美啊
橫亙此世
進入深刻的寂靜之中
盡情哭泣者的美麗
傳遞在人與人的心間
深刻了花草樹木的夢
楚楚可憐的生物
我現在祝福著他們
讚美這些短暫的生命
只要一場雨就會衰萎的虛弱
——室生犀星〈被祝福的事物〉⑥

他們正是那些追求著非言語式祈禱、以心傳心的祈禱的人。我們看到的是，這

6. 室生犀星（Saisei Muro，1889–1962），日本近代詩人、小說家。

些固守自我生存之道的人們，其生命乃由呼求天主的心和渴望與天主親近卻不可得的寂寞，交織成一匹不可思議的綾布。

這裡呈現出來的，可謂一種祈禱前的祈禱。那烙印在人類存在根源之處的永恆者印記，「雖然我們外在的人日漸損壞，但我們內在的人卻日日更新。」（《格林多人後書》四章16節）在沉睡的眼目之下，等待著有一天靜悄悄地甦醒。

然而，究竟什麼衝擊會帶給他們靈魂的覺醒呢？是人生中無法預知的幸或不幸嗎？或是聖人口中熱火般的天主聖言呢？又或是那些常人無法企及、偉大修行者的極端苦行呢？

答案是很清楚的，這些都不是。我們的靈魂正等待著天主。只有天主能啟示人類關於天主的覺醒。再者，那個天主並不是高高在上、主宰統治人類的天主，如果是這樣，基督的降生成人就一點意義也沒有了。永恆無限的天主，由於愛每一個如蜉蝣般的人，且為此賭上屬於祂的一切，這超越人所能理解的事實，時至今日仍不斷地叩問我們的心門。覺察到這個叩門聲，聆聽這個呼喚，即是祈禱前的祈禱。靈魂在不久之後將自幽暗的精神母胎中脫出，震顫肉身，朝向天空歌詠般的祈禱，終將成就靈魂的覺醒。

「聽，我站在門口敲門，誰若聽見我的聲音而給我開門，我要進到他那裡，同他坐席，他也要同我一起坐席。」（《默示錄》三章20節）

第二章

祈禱的弔詭

談到天主，或任何有關天主的事，我們勢必訴諸弔詭。「弔詭」⑦指的是看來矛盾的兩件事，以辯證方式使之整合呈現。同時間，既為對立的概念，亦皆為事實，則表示此二者間有密不可分的關聯。就像一張紙的正反兩面，互為表裡；這世上沒有一張只有表面但沒有背面的紙。

進一步比喻來說，就像「山的頂峰」一樣。廣闊綿延的山麓之兩側山腳越是相距遙遠，其山頂越如富士山之高。同樣，兩件事的相對性越大，必增其弔詭之高深。

而且，就像富士山頂常常因為被雲海包圍而看不見一樣，我們也無法以有限的知識理性掌握「弔詭的頂點」。如同富士山頂雖然看不見，我們卻仍知道它就是存在；是以，僅是「不可見的事實之確實性」，即成為所謂弔詭的核心。

「動與不動」、「永恆與時間」、「恩寵與自由」，「偶然與必然」、「天主的全善與罪惡與不幸的現實」，這些所謂「光明與黑暗」，看來幾乎兩相排斥的事實同時存在，其中的不可思議，我們可在天主內找到，也在天主與世界之所以存在的相關奧祕中發現。

無疑的，信仰是「黑暗中的光明」，然而同時也是「光明中的黑暗」。十字若望借用亞里斯多德的話比喻：「因為白晝之光太過耀眼，蝙蝠逐漸失去視覺。」⑧

更追根究柢地說，在信仰中，黑暗的本身即是光明。如偽戴奧尼修所說的「神性的黑暗之光」（*radium divinae caliginis*），如聖十字若望引用《出谷記》十章

7. 弔詭（paradox），似是而非，悖論，似是矛盾　此詞源自希臘文的「para 平行、並列、通、在旁」及「doxa 光」，指似乎是光的現象。文學、哲學及神學的推理反省，所引用一些事物或狀況，看來似乎自相矛盾，但事實上也可能並非矛盾（《瑪竇福音》八章22節）。《神學詞語彙編》
8. 聖十字若望著《黑夜》第二卷．五3。

20節的話——「那一夜，雲柱一面發黑，一面發光」，及《聖詠》十九篇2節——「夜與夜相傳知識」加以解釋⑨。亦若白隱禪師⑩所云：「大圓鏡之明如漆之暗。」從禪宗的立場出發，與上述看法相互連結。

就像星星在黑暗的夜空閃爍發光，在白晝的光亮中失色，同樣，在明亮的、以理智主義思考的世界裡，也會看不到天主。若說，是現代文明導致人們喪失對天主的感覺，或許正是因為照亮這個世界的文明和理性主義太過光亮的關係。

貓狗尚且能尋覓自己喜愛之食，而田間百合無需請求，天主尚且為它們裝飾了遠勝撒羅滿⑪王極盛榮華時所披戴的美麗。那麼，為什麼我們非得祈求每日用糧不可呢？人們深信一定要為生活所需祈禱，豈不也這樣告訴其他的人嗎？所謂宗教家，不正是那些裝模作樣、胡亂尊崇毫不重要的事，把那些只需單純領受就好的事，弄出不必要的複雜分類的人嗎？

如果這位天主是存在的，而祂是全知全能仁慈至深的父親，自然必將我們所需要的一切，分毫不差地賞賜予我們。就連祈願天主免去我們對自我生命憂慮的祈禱，都是多此一舉。若真如耶穌所言：「所以，你們不要憂慮說，吃什麼，喝什麼，穿什麼，因為這一切都是外邦人所尋求的；你們的天父原曉得你們需要這一切。」（《瑪竇福音》六章31－32節）那我們究竟為何而祈禱呢？祈禱不該是毫無益處的內心煩勞，只為了明日的吃穿而憂慮吧！

9. 詳見聖十字若望著《黑夜》第二卷．五3。
10. 白隱慧鶴（Hakuin Ekaku，1689–1796），日本江戶時期臨濟宗著名禪師，開創白隱禪一派。
11. 或譯所羅門。

如果天主的旨意是不可改變的，如果我們的得救已是從永恆可以預見的，並且是被預定好的，那麼，祈禱又有何用呢？「你們的父在你們求祂以前，已知道你們需要什麼。」（《瑪竇福音》六章8節）、「其中除了那喪亡之子，沒有喪亡一個，這是為應驗經上的話。」（《若望福音》十七章12節）若真如此，何以人生中會有那些滿佈辛勞苦痛的修練？人真有必要得努力到悲壯淒慘的地步嗎？

又或說，其實我們的祈禱能改變天主的旨意？

若真因著尼尼微人的齋戒和悔改，而讓原欲降下災禍的天主「回心轉意」，那麼，天主的旨意既非不可更改，也非不可動搖，而是取決於人們的心思念慮？（《約納先知書》三章4－10節；《出谷紀》卅二章9－14節；《耶肋米亞先知書》十八章6－9節；《耶肋米亞先知書》二十六章1－3節；《亞毛斯先知書》七章3－6節）

耶穌清楚地說：「假如你們有像芥子那麼大的信德，你們向這座山說：從這邊移到那邊去！它必會移過去的。」（《瑪竇福音》十七章20節）；「即使你們對這座山說：起來，投到海中！也必要實現。」（《瑪竇福音》廿一章21節）；還有，「你們祈禱，不論求什麼，只要相信必得，必給你們成就。」（《馬爾谷福音》十一章24節）。不過另一方面，無論人再怎麼煩憂，耶穌也曾說：「你們中誰能運用思慮，使自己的壽數增加一肘呢？」（《瑪竇福音》六章27節）；「就是你們的頭髮也都一一數過了。」（《瑪竇福音》十章30節）；「兩隻麻雀不是賣一個銅錢？但若沒有你們天父的許可，牠們連一隻也不會掉在地上。」（《瑪竇福音》十章29節）。

無限地超越人類、掌管宇宙天地由巨至微、永恆不變的這個天主，卻又總是無法對人們微小的願望和痛悔的眼淚視而不見，動了憐憫之心。這樣的天主，究竟要如何理解呢？

若是要用哲學性或神學性的方式，來說明上述祈禱之於天主的關係，並不容易。

或許，至少有個比喻能撫慰我們求知的好奇心。

想像有一隻船，船尾用繩索綁在岸邊。我們在船上拉動那條繩索，會有錯覺以為陸地往我們靠過來；然而事實上，岸邊陸地完全沒動，是我們和船一起被拉往岸邊。

同樣，並不是祈禱改變了天主的旨意；而是藉著祈禱，我們可能完成祂的旨意，被吸引著向祂靠近。

比起我們的祈禱是否為天主所聆聽接納，祈禱的本質應該是，祈求天主的旨意在我們身上實現，並且信賴祂的安排。「祢若願意，就能潔淨我。」（《馬爾谷福音》一章40節）。並不是我的祈禱擁有治癒我的力量，而是按著天主的期望，我們方得以潔淨；是以，祈禱是奠基於這樣的信賴之上，對天主的切切祈求。

我們應當祈求的是，「先尋求天主的國和它的義德」（《瑪竇福音》六章33節），以及「願祢的國來臨，願祢的旨意奉行在人間，如同在天上。」（《瑪竇福音》六

章10節；《路加福音》十一章2節）

事實上，「我們不知道如何祈求才對。」（《羅馬人書》八章26節）

我們對天主的祈求和天主對我們的旨意之間，往往存在一道深不見底的黑暗深淵。在死亡境地中掙扎的愛子身邊，有個祈求最後奇蹟的母親，她的願望，和將愛子交付於死亡手中的殘酷命運之間，存在著的正是任誰也無法理解的「天主的沉默」，那難以負荷的重擔。

「我父，若是可能，就讓這杯離開我吧！但不要照我，而要照祢所願意的。」（《瑪竇福音》廿六章39節）

那汗如同血滴般落到地上（《路加福音》廿二章44節）的基督，祂的祈禱最後真正的結局如何呢？

「完成了！」（《若望福音》十九章30節）；「父啊！我把我的靈魂交託在祢手中。」（《路加福音》廿三章46節），這在十字架上全然交託的平安，在死前嘶喊著「我的天主，我的天主，祢為什麼捨棄了我？」（《瑪竇福音》廿七章46節；《馬爾谷福音》十五章34節）的痛苦之中，被撕裂粉碎。

天主聖子耶穌基督為何被天主捨棄了呢？在既是天主又是人的基督那無可理解的弔詭——祂在十字架上的苦難及祂復活的光榮——之中，祈禱、信德和愛德的弔詭也達到至極的境界。

因為，愛就是死於自我，活於天主；信德就是穿過理智的黑暗看見天主；祈禱就是隱沒在靈魂沙漠中的天主綠洲。

如果祈禱有打動天主的能力，這未必指我們信心的熱切能改變天主永恆不變的意願。誠如前述，因著祈禱而改變的並不是天主，而是我們自己。特別是所謂「未蒙應允的祈禱」，更是與基督那隱含著死於自我、死而復活的十字架奧蹟的祈禱連結在一起。因此，比起切切焦慮，期能免於痛苦，我們更當祈求的是，在苦難中發現天主大能雙手的信德，和堅忍到最後的力量。正因為「上主賜的，上主收回。」（《約伯傳》一章21節）

我進入痛苦的深淵
痛苦消逝不見
只有「生活」而已
——八木重吉⑫

當所留下的全是「生活」時，這個「我」不再存在，只有天主生活在我內。因為「我生活已不是我生活，而是基督在我內生活。」（《迦拉達人書》二章20節）這樣的祈禱，不會留有任何餘地，讓那些富有頑強經商精神的職業宗教家，利

12. 八木重吉（Jukichi Yayi，1898-1927），日本詩人，基督新教徒，發表詩作多與信仰有關。因肺結核，二十九歲早逝。

用被命運波濤左右的人性軟弱，在信心的美名之上，偷偷地摸索那些天主之外的眾神旨意，所發想出來的各式各樣禱告、消災儀式、求籤問卜等宗教行為，趁虛而入。

真正的祈禱，不是神靈附體，也不是利益交換的敬拜。亦不是像勇者宮本武藏那種「無法容許自己在緊要關頭祈求」的自信心態。那是當全人身心靈都活在對天主的信賴之中，流動於一貧如洗的靈魂裡，神性生命的脈動。

然而，這股傳達出強而有力卻悄然存在的神性脈動，在靜默中回響的靈魂鼓動，不久之後，將超越時間和空間，在無垠和永恆的世界裡，把所有尋求真理的人聚合在一起。

菩提達摩⑬面壁閉關九年，他的靜默成為「禪」修的根源，一千五百年來，滋潤豐富了無以數計的靈魂。基督在曠野裡歷經四十晝夜的孤獨和試探，正是為打碎「將如同天主一樣知道善惡」（《創世紀》三章5節）的驕傲，順從於天主子降生成人的謙遜，顯示出萬物萬事應有的歸向，和因此而存在的靈性原點。（參照《瑪竇福音》四章1－11節）

基督的孤獨，菩提達摩的靜默，誠然顯示出，在處於祈禱的極致時，言語將會消失，或更好說是「靜默成為超越言語的言語」。因為此時，祈禱將在愛的靜默中，成就為深刻的自我呈現。

倘若祈禱需以言語表達，那也是為了孕育這份愛的靜默，以及為了歸向這份靜默而不得不的存在。

13. 菩提達摩（Bodhidharma，生年不詳，卒於西元五三五年）。印度僧人，中國佛教禪宗創始人。生於馬德拉斯附近。西元五二〇年長途跋涉到達中國，因覲見中國皇帝而出名。他認為積善不足以超度，禪定才是回歸佛陀之教的方法。

INRI
Shuning

第三章
靈魂的呼吸

若我沒記錯的話，聖奧斯定曾經說過，「祈禱是靈魂的呼吸」。我認為這句話有兩個意義。

第一，「祈禱對人而言是極其自然的」，如同呼吸一樣。第二，「祈禱對人而言是不可或缺的」，一旦斷了氣，人自會死亡。換句話說，祈禱是自然而然的，也是不可缺少的。

首先，試著以第一個意義中所言及的「自然」為中心來思考一下。

當聖女大德蘭說：「不修行祈禱的靈魂，如同癱瘓或殘廢的身體，即使手腳俱全，卻不能命令它們。」（《靈心城堡》第一重住所第一章6），顯示出祈禱真的是再自然不過的事。這樣看起來，說不會祈禱或者祈禱太困難了，是很令人納悶的吧？一個健康的人怎麼可能說呼吸很困難、不知道如何呼吸、呼吸很麻煩。如果真有人這樣說，那這個人大概是病了。祈禱亦然，若說不會祈禱，祈禱很難、很麻煩，正是因為心生病了。對恢復健康的身體來說，呼吸是極其自然的；對心神健康的靈魂來說也一樣，祈禱是再自然不過的了。

不過，如何定義心神健康的靈魂呢？答案簡單明瞭，「愛」一言以蔽之。「愛」的定義眾說紛紜，而聖多瑪斯清楚明白地定義：「愛是希望別人幸福。」若借用瑞士哲學家阿米埃爾⑭在其作品《阿米埃爾的日記》中的話來說，最確實的幸福就是讓別人幸福。心神健康，以及對人類來說最確實的幸福，就是「希望別人幸福的無

14. 安里·佛烈迪克·阿米埃爾（Henri-Frédéric Amiel，1821-1881），瑞士哲學家，詩人，崇尚自然主義。

私之愛」。他人的幸福就是我們的幸福，對於他人的不幸我們也能感同身受。這樣的「知音同志」之心，既非利己也非利他。並不因為他人而失去自己，也不為了自己而犧牲他人。「人若為自己的朋友捨掉性命，再沒有比這更大的愛情了。」（《若望福音》十五章13節，十三章1節），這是理所當然的，愛只知如何去愛，除了給出自己不做他想。換言之，只有透過給出自己，才能救贖自己，方稱為愛。「誰若願意救自己的性命，必要喪失性命；但誰若為我的原故，喪失自己的性命，必要獲得性命。」（《瑪竇福音》十六章25節），這是愛。這種拯救所有人、讓所有的人都能幸福的愛的祈願，就是祈禱的心。從一顆能愛的心中，祈禱自然地湧流而出。就連日常的問候，我們也會說些如「祝身體健康！」、「祝你成功！」、「衷心祝福旅途平安！」的祝福。當天災人禍，海難山難發生時，也會在電視新聞中看到國會議員為罹難者獻上默哀，祈願亡者安息。如此時刻，不容置疑地，無論是無神論的共產黨員，或不在乎有沒有神佛的人們，都以各自的方式祈求著他人的幸福。祈願他人幸福的愛，這樣的愛即是心神健康、人類生命的根源，因此祈禱可以說是愛的呼吸。

有句把諧音運用得恰到好處的拉丁格言說，「*Anima potius est ubi amat quam ubi animat*」，意即「真正的生命，比起活著，更在於愛著。」

對人而言，生即是愛，不愛就是死。死亡的日文是「なくなる」（nakunaru），

意思是「不存在」。若然，便表示我們只因為愛而存在。不愛，與死無異；更好說，正如同在活生生的狀態之下死去，與其說是死亡，不如說是充滿矛盾痛苦的行屍走肉。聖奧斯定認為地獄的狀態就是「自我矛盾」，準確地表達出上述情況。據說在精神病患中，有的人會打破玻璃，再用玻璃碎片割傷自己，以致血流滿身。「他晝夜在墓墳裡或山陵中喊叫，用石頭擊傷自己。」（《馬爾谷福音》五章5節）。當我們深深憎恨，或瞧不起他人時，我們不也感到悲慘的自相矛盾之痛楚嗎？地獄不是死後才發生的事，不如說「活著的地獄」正是地獄真實面貌的展現。

祈禱是愛的呼吸，如果地獄是凍結在痛苦之中的處境，那麼我們便能明白，為人來說祈禱是不可或缺的。沒有祈禱，我們不能愛，不去愛，我們不懂如何祈禱；因為祈禱和愛是不可分離的，就像失去性命便無法呼吸，無法呼吸就會失去性命一樣。沒有愛的祈禱，只是形式上的祈禱，死的祈禱，不是從祈禱溢生的愛，像蜉蝣一樣飄浮不定。多言（《瑪竇福音》六章7節）的長禱並不是真正的祈禱。如果我們想知道自己的祈禱是否真實，或許從我們對鄰人的愛是否輕易改變或消失，便可以看得出來。

真正的祈禱必然是「活在愛裡的靈魂的呼吸」。或許有些跳躍思考也說不定，但若試著從天主的角度來看，祈禱正是愛的靈動，也就是聖神的氣息。至感幸福的祈禱，只有三位一體的祈禱。三位一體的生命運行，就是祈禱中的祈禱，真正的祈

禱根源所在。總而言之，真正的祈禱是「靈魂的呼吸」、「愛的呼吸」、「聖神的氣息」、「聖三的生命運行」。

第四章
祈禱的原點

真正的祈禱是靈魂的呼吸，是愛的呼吸，而我們說，這樣的祈禱根源於「愛的靈動——聖神的氣息」，和「天主聖三的生命運行」。

我們來思考一下，關於祈禱的源頭，或說祈禱的根源，或用現今流行的話來說，即「祈禱的原點」，就是天主本身這件事。

如果祈禱是靈魂的呼吸，愛是悸動，我們可以結論出愛是祈禱的源頭。而且，真正的愛是尋求別人幸福的無私之愛，不會因愛欲、愛著、愛執等自我的執著欲念而動搖。「愛是含忍的，愛是慈祥的，愛不嫉妒，不誇張，不自大，不作無禮的事，不求己益，不動怒，不圖謀惡事，不以不義為樂，卻與真理同樂；凡事包容，凡事相信，凡事盼望，凡事忍耐。」（《格林多人前書》十三章4－8節）像這樣真實且恆久的愛並非出於人性，若望宗徒說：「愛出於天主。」（《若望壹書》四章7節）

新約聖經中以「*agapē*[15]」這個特別的字來表示「愛」，日後被用以和 *erōs*[16] 做為對比，但聖保祿宗徒並沒有用 *agapē* 這個名詞來指明人對天主的愛。他使用「愛」天主這樣的動詞只有兩次（《羅馬書》八章28節；《格林多人前書》八章3節）。意即，*agapē* 所指稱的基督宗教式的愛，最先表現出來的，就是在基督身上展現出的，天主對我們的愛。而後，當這樣的神性之愛轉化成愛近人時，即是 *agapē*。再者，值得注意的是，對觀福音中很少用 *agapē* 這個名詞：《馬爾谷福音》從未用過，《瑪竇福音》（廿四章12節）和《路加福音》（十一章42節）

15. *Agapē*，愛　指天主本身的奧蹟（《若望壹書》四章8節）。天主對世界的愛（《若望福音》三章16節）。人與人之間，兄弟姊妹的情誼之愛（《若望福音》十三章34節）。《神學詞語彙編》
16. *Erōs*，性愛，情感之愛　指較傾向包含人的肉身情慾之愛。與愛 *agapē*、charity 表達「愛」的角度不同。《神學詞語彙編》

各用了一次。動詞的「愛」用的也很少（瑪竇八次，馬爾谷四次，路加十三次）。也就是說，天主對人類的愛，透過行動，沁入福音的每個角落。

真正的愛，是在人愛天主，愛人如己之前（《瑪竇福音》廿二章39節；《馬爾谷福音》十二章31、33節；《路加福音》十章27節），「愛就在此：不是我們愛了天主，而是祂愛了我們，且打發自己的兒子，為我們做贖罪祭。」（《若望壹書》四章10節）。「如果我們能愛，那是因為天主先愛了我們」（《若望壹書》四章19節）。

「天主是愛」（《若望壹書》四章8節），若愛是由天主而來，那麼，既是愛的悸動、愛的氣息和呼吸的祈禱，當然也自是「由天主而來的」。我們之所以能祈禱，是因為天主先為我們祈禱了。對我們而言，較之「天主愛」，「天主祈禱」或許很難體會和感受，但既然「愛由天主而來」，歸結出「天主祈禱」這個結論是再自然不過的。在天主內的愛滿溢於外，成為生命的悸動，那正是因為天主的祈禱打動了我們的心的關係。如同聖保祿所說的，「因為我們不知道如何祈求才對，而聖神卻親自以無可言喻的嘆息，代我們轉求。」（《羅馬人書》八章26節）。這裡所說的「聖神」，指的當然就是天主派遣的愛的聖神，聖三中的聖神。為了不知如何祈求的我們，天主聖神切切地為我們轉求。

說起「祈禱」，聯想到的約莫是「我們對天主祈求」，如同〈天主經〉的後半段。在祈求「賞給我們日用食糧」之前，應該先求「願祢的名受顯揚，願祢的國來臨」，而這不就是「天主的願望」嗎？「願祢的旨意奉行在人間，如同在天上」，是天主的願望，祂期望能在世上建立天主的國，這也同時指出所有祈禱的核心，該是「先該尋求天主的國和祂的義德」（《瑪竇福音》六章33節）。

由此看來，祈禱的中心，不在於天主應允我們的祈求，而在於祈求天主所期望的旨意。換句話說，天主的祈禱應該成為我們祈禱的靈魂。然而，由於我們的眼盲耳鈍，時常聽不見天主的聲音，找不到天主在哪裡，好似迷路的羊一樣；所以，我們也必須祈求認識天主的旨意，祈求那能讓我們達成天主旨意的力量。為答覆天主旨意而求的祈禱，才是祈禱；因著天主的祈禱而生的祈禱，才是真正的祈禱。舉例來說，祈禱就像泉水一樣。天主的祈禱，天主的旨意，有如從天降下的甘霖，人類就是被雨水滋潤的大地。滲沁入地底的水成為地下水，不久後噴出湧泉。我們的祈禱即是此清泉。若非天降雨水於先，湧泉無可存在。不過，如果沒有一顆柔軟的心，像那承接自天而降的雨水，並吸收雨水的土地一樣，沒有一顆空虛自我的心，如同足以讓地下水傾流的洞穴一樣的話，亦無能湧出泉水。一顆裝備盔甲、堅持自己想法和主張的心，無論天主的祈禱再如何傾注，絕對無法湧現出真正的祈禱之泉。在堅持自己的祈求和渴望之前，以天主所願為自己所願，以天主的盼望為盼望，才是祈禱的原點。

祈禱的種子播在天上
逆向著朝大地發芽茂盛成長
纍纍結出美好的果實
又再成為種子回到天上
——八木重吉〈主禱文的循環〉

第五章
祈禱的定義

祈禱是和天主交談。

這使我想起一件往事。一位熱心的基督新教女性來到我們位於京都宇治的避靜院。我們談了一會兒之後，傍晚心禱的時間到了。我邀請她說：「從現在直到晚餐之前，是心禱的時間，歡迎一起到聖堂來參加。」

「什麼是心禱？」她問道。

由於沒有時間好好地解釋，我回答：

「簡單地說，這是一個靜默祈禱的時段，妳個人自行祈禱就可以了。」

「一整個小時都在祈禱嗎？那時間太長了！我雖然有時會祈禱十分鐘或十五分鐘，但時間再拉長一點就沒什麼話可說了。」她說。

「啊，這樣啊……」

片刻之後，我的腦海閃現一個想法，於是如實對她說：「妳的祈禱方式，就像一個人敲了半天的門喊著：『有人在嗎？有人在嗎？』終於有人走出來說：『請進！』可是當他開門要讓妳進去時，妳卻對他說：『好了，再見！』然後背對他轉身離去。」

「哎呀！你怎麼這麼說呢！」她看起來很不高興的樣子。

「無論如何，妳只要在聖堂裡靜靜地坐著就好。」我說。

我覺得自己這樣的說話方式似乎對初次來訪的人不甚親切，可是，這位小姐卻真的老老實實地在聖堂內待了一個小時。後來，我聽到她述說她奇妙地習慣且愛上心禱時，我心想，那時有點欠缺考慮直率的對應，竟意外得到良好的效果。

處在這樣的境況中，我想，與其說「祈禱是與天主交談」，不如說是「在天主前靜默」來得更為恰當。天主並不像我們那樣說話，所以與天主交談當然和一般的交談不同。這更好說是一道內在的光，因心靈交流而生的親密，與之伴隨而來的感謝、讚美、謙虛、痛悔和定志。

根據聖若望．達瑪森下的定義，祈禱「是把心獻給天主」，也正表達了上述狀態。「與天主交談」（聖奧斯定）、「舉心向上」（尼撒的國瑞）、「與天主如親密摯友般的交往」（聖女大德蘭），這一連串關於祈禱的定義，已經掌握到的是祈禱的「表面」觀點。相對於以上這些表面定義，若祈禱也有內面定義的話，那便不是「訴說」而是「靜默」；而「把心獻給天主」就是「靈魂沉浸在天主內」。更進一步延伸這個觀念，更好說不只是心，甚至連身體也沉浸在天主內。

從祈禱的表面定義來看，是與天主交談、舉心向天主、與天主共融，也就是說，屬於「有為的祈禱」、「做祈禱」。若將這定義反過來看，則祈禱是只在天主前靜默，沉浸於天主、在天主內安眠，可以說是「無為的祈禱」或者「不祈禱」。聖十字若望以「感官的睡眠」來說明高級的祈禱境界，不過，在祈禱的最根底，這個境界打從一開始就已存在。

祈禱不是要我們精疲力盡地思索天主，而是要人在天主內安歇心靈。話雖如此，日常生活的煩惱並不會在祈禱時消失無蹤。我們的祈禱是人的祈禱，只要還活在人間，就不可能有無憂無慮的人生。越是在祈禱的時候，煩惱越是可能不斷增加。因為祈禱中佔滿了雜念，有時甚至不知道自己的祈禱到底到哪兒去了。不過，若說此時正好，或說正因此才顯得祈禱是這麼不可缺少，那麼，祈禱就是在我們處於就要因生活的煩惱而滅頂時，祈禱者反而更明白應將身體和靈魂沉浸在天主內。此時，想當然耳，煩惱不再是煩惱，甚至轉化成為「祈禱的食糧」。

當我們祈禱著「我不知道如何祈禱」的時候，那時祈禱遂成為天主的工作，而不是我們自己的努力。當我懷著痛苦和渴望呼喊：「我不能愛，請幫助我去愛！」那時不是我們的愛，而是天主的愛開始動工。當我們發現自己不能祈禱、不能愛，感覺不到和天主的親密友誼；就算高舉我們的心上達天主，或與天主交談，沉重的心情之下無計可施的時候，祈禱那些表面的定義一點也幫不上忙。只有越過「表面的祈禱」、「做祈禱」、「有為的祈禱」中帶來的挫折，我們方才開始明瞭，「內面的祈禱」、「無為的祈禱」、「不祈禱」的意思，也終於才能從理性的背面，掌握到祈禱中的祈禱，那藏在祈禱深處的東西。

第六章
真正的交談

大約十年前，《朝日新聞》晚報有很長一段時間連載詩人高田敏子[17]的短詩，同時搭配一張小小的日常隨興照。其中一則題名為〈空空的長凳〉。附圖是一位母親和她的孩子，坐在街角樹蔭下的長凳上。圖下的詩寫著：

母親和她的孩子
一整天　時時刻刻
好像都在交談
但真正的交談
意外地　並不存在
所以　買完東西回家的路上
洗完了衣服之後
即使只有十分鐘
像這樣　走出家門
說說話
因此　才有那片溫柔的樹蔭
因此　才有那條空空的長凳

17. 高田敏子（1914 － 1989），有日本媽媽詩人之稱，獲得室生犀星詩人獎。文內提及的專欄連載後來集結成書，於一九六二年出版，書名為《月曜日の詩集》。

讀完這首詩，首先讓我陷入思考的是「真正的交談」這件事。關於「真正的交談」，詩人想說的究竟是什麼呢？為什麼「日常的談話」不算是「真正的交談」？就內容來說，「樹蔭下長板凳上的對話」和「日常的談話」，並沒有太大的不同。搞不好，正因為「日常的談話」與日常生活息息相關，無論對大人或小孩而言，反而顯得更真實且更重要。從這張日常生活照中可以想像得到，「長板凳上的母子對話」其實就是「沒什麼特別重要的事，悠閒的交談」，不是什麼非說不可的話。但，這反而正是詩人所言，「真正的交談」。也就是說，「真正的交談」並不按照交談的內容而定，而是依談話當時的氣氛狀況來判斷。

即使只有十分鐘
像這樣　走出家門

就算十分鐘也好，像這樣走出家門，製造一些閒暇的時間。在這種情況之下的談話，才是「真正的交談」。此時，說了什麼「事情」並不重要，而是從「交談」這個動作裡生出的話語，才是詩人想要表達的「真正的交談」。彼此相愛的人之間的交談，說些什麼並不是問題，交談的本身就是一種喜悅。此時說的，並不是什麼有特別目的的話，而是「為了交談而說的話」，若用深奧一點的說法，這裡的交談並不是「無目的的交談」或「利他目的」，而是「利己目的」。若用溫柔一點的說法，可以說這是「純粹的交談」。人為這「真正的交談」保留十分鐘的悠閒。「閒暇」的日文是ひま（hi-ma），按《大言海》這本辭典的解釋來說，「意即日之間，指陽光射入」，也就是「陽光射入物品的空隙」。在埋首於緊湊工作的生活之中，製造出一點點如同陽光照入的空隙，把「陽光」改成「天主的光」，這句話就能直接應用在祈禱上。祈禱就是製造出「讓天主進來的空間」。

在祈禱之中，腦海裡浮現的事可能和平常沒什麼兩樣，甚至會有一些更瑣碎的雜念。但「真正的祈禱」、「與天主真正的交談」，並不在這些浮沉於心上的想法之中，不管這些想法是好是壞。

如果「真正的交談」意味著的，並不是指談話的內容，而是指交談所帶來的喜悅，指的是無目的性的，只為完全自己的「純粹交談」，那麼，這就是彼此相愛的人之間交流的話語；而「和天主真正的交談」的祈禱，依據聖女大德蘭在《自傳》裡的說法，是「知道自己被天主愛著，和這個愛著我的天主之間，時常有如朋友之間親密的交談分享。」[18]

正如母子二人為了能擁有「真正的交談」，即使只有十分鐘也要走出家門，好好享受只有兩人的閒暇。真正的祈禱也是一樣，為了擁有這樣的時光，在忙碌的日常生活中，正因為忙才更必須要想辦法製造出「給天主的空間」，讓天主的光能夠

18. 中文版《聖女大德蘭自傳》已於星火文化出版。作者此段文字譯自 *St. Teresa of Jesus*，*Collected Works of St. Teresa of Avila* 中的 *The Book of Her Life*， 第八章 no.5，譯者 Kieran Kavanaugh & Otilio Rodriguez，ICS 1987， P.96

流入我們的生命。此時，才能跟天主父有「真正的交談」。這就是一般所謂的「心禱」。

無論是在以神學角度去區別默觀和默想以前，或甚至是區別清楚之後，我們都應該找出那存在於祈禱根源裡，最單純的祈禱姿態。茶道家千利休說，「茶道是煮好開水、泡茶、喝下去，這樣的過程。」同樣的，我們可以說，「祈禱是將自己委身於天主之內的過程」。

第七章
祈禱的食糧

曾有一位學生寫給我這些話：「生活的喜樂或悲傷，去愛和去恨，對我來說都是祈禱。」「愛」是祈禱，自是理所當然；但他說，「恨」也是祈禱。憎恨、反感、輕視和冷漠，和祈禱是完全相悖的，然而，對於這些可能破壞祈禱的種種，他卻說「恨也是祈禱」。

我們來回想一下聖女大德蘭的教導：「心禱是朋友之間的親密分享。」（《自傳》八章5節），「若想知道是否是品質良好的心禱，可以看看在心禱之後，你是否燃起對近人的友愛。」（參照《靈心城堡》第五重住所三章9－12節），以及「不管受到多麼嚴重的侮辱，若無法秉持一顆寬恕的心，那樣的心禱是不值得相信的。」（《全德之路》三十六章8、11節）。若按聖女大德蘭所言，那麼，方才學生所言的，是與祈禱背道而馳的。

然而，在此有一點是必須區分清楚的，即「祈禱」和「祈禱之糧」。如同「生命」與「生命之糧」各有區別一樣，「祈禱」和「祈禱之糧」並不相同。靈魂（*anima*）賦予身體生命，而這個肉體的「生命之糧」指的是一般的食物。同樣，祈禱的生命是愛，而且是「來自天主的愛」（《若望壹書》四章7節）；為了讓這份屬於祈禱生命的愛能在我們內茁壯滋長，需要的是「祈禱之糧」。簡而言之，就是我們的日常生活，也就是每天發生的各樣事情。成功或失敗，幸或不幸，在這些由喜怒哀樂織就的人生中，祈禱之糧慢慢滋長。反過來，祈禱同時也幫助人成長。「生活的喜樂或悲傷，愛和恨，對我來都是祈禱」這樣的說法，較之所謂的「祈禱」，其意義必須被理解成「祈禱之糧」。更精確一點來說，這些事並不是「祈禱之糧」，更好說是「能成為祈禱之糧」，或者說「將之當做祈禱之糧」。

誠然，生活中發生的大小事，即使是罪惡或過失，憤怒或憎恨，無一不能成為祈禱。「一個知道活著就是愛著的人，在他充滿憎恨的心底深處，隱藏著為自己哭泣的眼淚，為那只有憎恨之情的自己如此淒慘而哭；對於無法原諒別人的自己也感覺憤怒，耶穌說過的話：『我不對你說：（寬恕）直到七次，而是七十個七次。』（《瑪竇福音》十八章22節），成為他心中的痛。」

事實上，若反省自問，任誰都知道，每天在心中纏繞混亂的並非都是那些聖潔之愛的高尚思想。甚至在本應是「愛的親密交談」的祈禱時刻，我們不也對那為了憤怒和憎恨而苦惱的自己，不知如何是好，不是嗎？然而，即使在那樣的時刻，也不能說祈禱不在其中，亦不能為此而放棄祈禱。就算在善人之間，也有無止盡的誤解和爭吵，這就是人生，實令人遺憾。但是，這些都是為了生存於人世間而不得不取用的日常心靈之糧。

人類光靠空氣和陽光是無法活下去的。你必須汗流滿面辛勤耕作，才能從荊棘地中獲得糧食（《創世紀》三章18－19節）。如此辛勞得來的維生之糧，也得用心洗去泥沙、烹調。而這些調理好的食物也無法完全被消化吸收成維生之糧，其大部分都被排出體外。這些為了滋養身體的維生之糧，即使如實地被吃下去，被消化和吸收，尚且無法成為完全的食糧，那麼，心靈的糧食和祈禱之糧就更不用說了。如果在養育身體方面真是這樣，對於靈魂更當如何呢？天主為賜下栗子，直接將它包裹在多刺的外殼裡，送給我們。如果因為怕被外殼刺傷，把它給扔掉，我們也就吃不到栗子的果實。別人對我們的批評和反感，就像栗子的外殼。然而，如果我們願意忍受，謙虛自省，就能獲得藏在其中的果實。這就是祈禱的心，而刺殼裡的栗果，就是「祈禱之糧」。

有時，天主會賜給我們一些幾乎無法消化的小石頭，做為祈禱之糧。面臨這些時刻，或許可以想想珍珠貝。據說，如果一粒無法被消化的細沙偶然地穿入貝殼內，牠不會把沙粒吐出來，反而保留在其內長久，不間斷地分泌體液包覆它；漸漸地，沙粒變成美麗的珍珠。同樣，我們內心的憎恨和反感，宛如無法消化的小石子，但若我們將之細細收妥於心，以祈禱的心好好地懷抱著，總有一天，它們也會變成愛的珍珠。

將憎恨懷抱胸前
等他們變成花朵
將之供奉於祭臺上

我在某處讀到這樣的詩句，可能是詩人八木重吉寫的吧！祈禱，就是能讓這種愛的奇蹟發生。對祈禱的人來說，沒有不能食用的糧食。反而那些看似無法消化的東西，更能成為真正的「祈禱之糧」。

第八章
唸著禱文睡著的小孩

法國詩人珮奇（Charles Péguy，1873–1914）有一首詩是這樣的：

天主說
世界上 沒有像祈禱到睡著的孩子那麼美的事物
我見過深不見底的海　幽暗的森林
也見過人們深無可測的心
我見過　將一生都獻身於我的人們的心
但我還是想說
世界上 沒有像祈禱到睡著的孩子那麼美的事物
我主天主　只有一個意念
我主天主　只希望這個孩子能夠幸福
天主　只在這個孩子的眼中看到未來
天主　在這個孩子的眼睫深處尋找
在天主座前　即使這般美麗
即使這樣不和諧
在那裡有的是　和年輕的希望之間的美好約定

Shu-ning

被譽為「希望神學家」的詩人珮奇，這首藉著孩子的夢表現出「無言的祈禱」的讚美詩，讓人聽進心坎裡。

之前我曾將祈禱區分為「做祈禱」和「不做什麼的祈禱」，或者「有為的祈禱」及「無為的祈禱」（參照第五章〈祈禱的定義〉）。「不做什麼的祈禱」和「無為的祈禱」雖然看起來有點難以理解，但像「祈禱到睡著的孩子」的祈禱姿態，正是「無為祈禱」的極致表現。

在敬禮聖母的五月和十月，和父母、兄姊一起念著玫瑰經，卻在不知不覺間，小手裡握著玫瑰唸珠就這樣沉沉睡著的孩子，那惹人愛憐的模樣，對於長久以來浸淫在基督宗教傳統裡的歐洲家庭來說，是常見的風景。在詩人的眼中，那不知不覺間祈禱的語句變得斷斷續續，在半夢半醒之間沉睡而去的孩子，就是如實的祈禱姿態。

確實，祈禱的價值不是以說話多來衡量的（《瑪竇福音》六章7節）。

如果，與其說祈禱是「與天主對話」，更好說是「在天主面前靜默」或「在天主之內靜默」的話，在祈禱時沉入睡眠的小孩，那樣無心的姿態，似乎更表現出祈禱的歸向。

若是「為叫我們不論醒寤或睡眠，都同祂一起生活。」（《得撒洛尼人前書》五章10節），那麼睡覺豈不也是祈禱嗎？

「京之午睡」是句古老的日本諺語。「京」顯然指的是今日的京都，即古代的首都。這句話表示，即使是午睡，京都的午睡也和其他地方的午睡有不同的感受。而即使同樣都是打瞌睡，祈禱時在天主的臂彎裡睡去，和在課堂裡或火車上打盹，箇中滋味大不相同。

佛教淨土真宗的在俗虔信者源左[19]，有這麼一段逸聞軼事。

源左在家裡的佛堂供桌前打盹睡著了。有人責備他，說他的姿態有失莊重，源左回答：「在自己的父親面前，沒有關係。如果是在法庭上，我決不會讓自己睡著的。」（柳宗悅．衣笠一省編《妙好人因幡源左》二十三頁）

當然，在這裡要大家跟源左學習的不是打瞌睡這件事，而是那個「在自己的父親面前，這沒有關係」、總是稱呼佛祖為「父親（Oya-sama）[20]」的源左心中，深刻而單純的信仰。如果只是打瞌睡，對任何人來說都不是什麼困難的事。也可能有因為疲勞、沒有精神，或者祈禱不夠熱切而打瞌睡的時刻。也有一些人，一旦到了心禱的時候就會立刻進入夢鄉。然而，源左的瞌睡，或是詩人珮奇所感動的「祈禱到睡著的孩子」的美麗姿態，並非如此。不管是睡著還是醒著，都是屬於天主的人，那在天主之內的喜樂和安全感，偶爾也會因為身體不敵疲憊，而在祈禱之中入睡，那在佛壇前打盹時的姿態是如此美麗。

祈禱中，有如上述「安睡於主內」者，其對天主的全然交託而生的心內平安，就在那樣的祈禱深處。再者，如果信仰和愛，意指對世間事物閉眼不見，且死於自

19. 源左（Genza，1842-1930），又稱「因幡的源左」，日本佛教淨土真宗在俗虔信者。
20. 親樣（おやさま，Oya-sama），意思是親密地表達對父親或母親的敬稱。中文沒有適當的譯詞。

我，那麼，在這份因愛的信賴而生的祈禱之中，就會有源於天主的自我忘卻。這就是祈禱中的安眠。睡眠是藉著不動，回復身體的動力；祈禱亦然，在祈禱的睡眠中導向對天主的覺醒，湧現完成天主旨意的力量。產生在內醒來的力量，在天主內睡著，在天主內醒來，這兩者非常奇妙地成為一體，就是祈禱。

著名的澤木興道禪師[21]曾說：「坐禪就是：藉著冬眠，看見全新的世界。」這話或許和我們提到的狀況互有連結。

在這樣的祈禱之中，有連在風雨之中都能安然睡去的耶穌（《馬爾谷福音》四章38節），也有不忘給在某個地方的窮人一杯水喝的心靈覺醒。（《瑪竇福音》十章42節）。

如果前者稱為「不做什麼的祈禱」或「無為的祈禱」（參照第五章〈祈禱的定義〉），那麼，後者就是應運而生的「無所為也無所不為的祈禱」，或說「無為而成的祈禱」。如此一來，基督徒的祈禱和禪宗所言的「看見世界」不同，而是「藉著冬眠，源源不絕產生出創造全新世界的力量。」

21. 澤木興道（Kodo Sawaki，1880-1965），日本昭和時期具代表性的曹洞宗僧侶。

第九章
聆聽天主

正如我們已經提到的，與其說祈禱是「與天主交談」，更好說是「在天主面前靜默」。這並非意謂一般的定義不正確，而是為了使我們對祈禱有更深刻的理解，我們有必要試著從反面來看。表面定義和反面定義正是為此而存在，對於習於以祈禱的表面定義來理解的我們來說，提出反面定義，有更深一層的意義，因此我才說，與其說祈禱是「與天主交談」，更好說是「在天主面前靜默」。

因此，現在我們要再把「在天主面前靜默」這反面的定義再次反過來看，試著舉出與「與天主交談」這表面定義相關的第三個定義。

「在天主面前靜默」，並不是指心中無念、腦中無想的無言行為。「上主，請發言，祢的僕人在此靜聽。」（《撒慕爾紀上》三章9節）。較之向天主說話，告訴天主我們的需求，祈禱更重要的在於「聆聽天主」。為能如表面定義般「和天主交談」，必須避免單方面說個不停，如果不知道如何聆聽，就無法進行對話。

「聽」這個動詞，原本就是聖經中非常重要的字之一。《舊約》中出現了千餘次，而比《舊約》篇幅少得多的《新約》也出現了四百廿五次。雖然只就統計數字的頻率來判斷重要程度是可議的，但對啟示宗教而言，意即對於立基於天主對人說話的基督宗教來說，「聽」是個核心關鍵字。

在《舊約》中頻繁出現的「以色列！你們聽著」，常是天主召叫的前言。耶穌則常說：「有耳的，聽吧！」（《瑪竇福音》十一章15節）。嚴格來看，聽這個字，可寫成「聽」和「聞」，然較之「聞」，意即聽到，「聽」字更加貼切。「聽」意即「留心地聽」，毫不分心走意。事實上，在《聖經》裡，「聽」這個字，有時指的是「留心深刻地聽」，而不是「耳邊風」。因為，我們會說「傾聽」，但不會說「傾聞」。事實上，在《聖經》中，「聽」這個字也有出現類似「耳邊風」意思的用法。「凡聽了我這些話，而不實行的，就好像一個愚昧的人，把自己的房屋建立在沙土上。」（《瑪竇福音》七章26節），還有「可是他們所聽到的話，為他們毫無益處。」（《希伯來人書》四章2節），及「因為，若只聽聖言而不去實行，他就像一個人，對著鏡子照自己生來的面貌，照完以後就離去，遂即忘了自己是什麼樣子。」（《雅各伯書》一章23－24節）。像這樣的「聽」，就是左耳進、右耳出的「耳邊風」。

「聆聽天主」，不該是如上所述，真正的「聆聽天主」即是「深刻留意，側耳傾聽天主的話」。無須特別舉例說明，這就是「聆聽天主」的第一層意涵。第二層意涵即「默存在心中，反覆思想」（《路加福音》二章19，51節）。再者，天主的話並不常以語言的形式傳達給人，事實上，以語言形式傳達的，基本上都屬例外。瑪利亞在牧羊人找尋並朝拜了馬槽裡的聖嬰時（《路加福音》二章8－19節），「把這一切事默存在自己心中，反覆思想」，而福音作者路加又以同樣的字句描述瑪利亞，是在耶路撒冷聖殿發現走失的十二歲耶穌時（《路加福音》二章41－51節）。一提到靜默祈禱，我們很自然會在瑪利亞的姿態中，找到靜默祈禱的典型。

「聆聽」的第三層意涵是「分辨」。「我的羊聽我的聲音，我認識他們，他們也跟隨我。」（《若望福音》十章27節）。在日文中，「了解」（分かる，wakaru）一詞據說是從「分別」（分ける，wakeru）而來。「分辨」（聴き分ける，kikiwakeru），意思是聽出是誰的聲音，意即「知道聲音」，甚至「知道聲音的主人」。「聆聽」即「分辨」，如「羊也跟隨他，因為認得他的聲音。」（《若望福音》十章4節）。而願為羊捨棄性命的牧羊人，不只知道自己羊群的聲音，也認識他的每一隻羊（《若望福音》十章14、27節）。

關於「聆聽」一詞，如若望所指「深度的認識」之外，尚且可以更廣泛延伸。在我們的心中、腦中，常有太多的雜音回響。由於我們自身的欲望和傲慢，以及他人的批判和非難，致使我們無法反覆思想和消化那些理當蘊含著天主話語的日常生活事件。反之，將生活塗滿爛泥，加入有毒物質，使之幾乎完全不能下嚥，才是常態。甚至那些自我辯解的詭言巧語都如同堅強的盾牌，攔阻天主的聲音，漸漸地，連自己的聽力變差了都沒有察覺。

祈禱意味著，打開被這些雜音覆蓋心神的耳朵，明白如何聽辨真正牧者基督的聲音，並且引導我們跟隨這位牧者基督。

因此，「聆聽」的第四層意涵是「跟隨」。如同前面引用過的《若望福音》所說，「羊也跟隨他，因為認得他的聲音。」（《若望福音》十章4節），同時也記載著

「我還有別的羊，不屬於這一棧，我也該把他們引來，他們要聽我的聲音。」（《若望福音》十章16節），以及「我的羊聽我的聲音，我也認識他們，他們也跟隨我。」（《若望福音》十章27節）。

在日文版的《聖經》中，因為譯者的關係，使得「聆聽」、「分辨」及「跟隨」交錯出現，變得更難加以分別。或許是因為在日文裡，「聆聽」與「跟隨」這兩個詞彙有密不可分的關係。所謂「懂得聽話的孩子」意指「老實地跟從的孩子」。就算聽了也假裝沒有聽到，就表示「不願意跟從」。

以外文舉例來說，在拉丁文裡「順從（*obedientia*）」一詞，是源自「聽（*audire*）」這個動詞，因此我們可以了解，「聆聽」與「跟隨」在語源上是交疊的。這兩個詞彙的多重性，在聖經神學性的解釋及靈性世界中，其重量更加倍。《撒慕爾紀上》就曾出現這樣的話：「上主豈能喜歡全燔祭和犧牲，勝過聽從上主的命令？聽命勝於祭獻，服從勝過綿羊的肥油脂。」（《撒慕爾紀上》十五章22節）。

而「跟隨」一詞，換句話說就是「與之同在」，也表示「時常與某某同在」。這句話在《若望福音》則轉變成另一個相當重要的詞句：「在～之內」。特別是在《若望福音》十五章4－10節之間密集出現的「在～之內」，說明了耶穌基督與我們之間的一體性之必要。而「在～之內」一詞於《若望福音》十七章中，更延伸成為「合而為一」的意涵。跟隨基督，因此常與基督同在，與基督成為一體，甚至等於完完全全成為屬於基督的人。於此，《若望福音》同樣在十五章的開頭中，將「聆聽」一詞極致特殊的意涵舉出來補足說明。

「我是真葡萄樹，我父是園丁。凡在我身上不結實的枝條，他便剪掉；凡結實的，他就清理，使他結更多的果實；你們因我對你們所講的話，已是清潔的了。」

（《若望福音》十五章1－3節）。在日文譯本中，譯者慈幼會士巴爾巴羅（Federico Barbaro，S.D.B.，1913–1996）雖然加入了原文裡沒有的「聆聽」一詞，但並不算過度解釋。而「修剪掉」這個獨特的譯語也和「清潔的了」一詞的平常翻譯有些許出入，但較之斟酌語義，從靈性的面向上來看，更富含福音的深層意義。因為，聆聽基督，就是跟隨基督，而跟隨基督就是捨棄「房屋，或兄弟、或姐妹、或父親、或母親、或妻子、或兒女、及所有一切」（參照《瑪竇福音》十九章29節，《路加福音》十八章29節），以及「也必須捨棄自己」（參照《瑪竇福音》十九章29節，十章38－39節）。

超譯耶穌——聆聽就是修剪——

如上所言，跟隨基督就是讓自己空無一物。「成為赤裸的，順從赤裸（Hieronymus：nudes nudum sequitur）」，這就是徹頭徹尾的「修剪」之意。法國偉大的雕刻家奧西普・札德金（Ossip Zadkine，1890–1967）曾說，「嫁接本質上的事物，修剪枝葉」是藝術的基本原則。而在靈性世界裡，與基督之間的關係，以這樣的原則來說明更是深刻。

「聆聽就是修剪」，巴爾巴羅的譯文看起來已些許超出若望的原文，但從這譯文裡，正巧可以做為補充的例舉說明，所謂「聆聽」的第五層意涵，意外地賦予一個重要的福音精神的理解方向。

捨棄一切，特別是捨棄自我跟隨基督，就是聽從基督所說的話。耶穌說：「我的食物就是承行派遣我者的旨意，完成他的工程。」（《若望福音》四章34節），跟隨祂，就是把基督這樣的心當成自己的心。

願祢的名受顯揚
願祢的國來臨
願祢的旨意奉行在人間
如同在天上

聆聽天主的基督徒的祈禱，最終還是匯集在這些祈願之中。然而，為了將天主的願望當成我們的願望，必須明白我們得捨棄那些為數眾多、不符合天主聖意的事物。必須根據耶穌的教導，學習修剪自己。修剪我們的有時是他人的批評和誤解，嫉妒或權力，或是那些會讓人因此而看不見天主的愛的意外災難……，這些殘酷的試煉利斧。但是，正如耶穌所說過的，「我所賜給你們的平安，不像世界所賜的一樣。」（《若望福音》十四章27節），天主的平安正藉著這些嚴格的修剪而賜下。如果沒有十字架，復活不可能成立。因天主而來、無論是誰都無法奪走的全然喜樂（《若望福音》十六章22節），這種在天主之內的心靈平安寧靜，是藉著十字架上的寶血救贖，恆常賜下的恩寵。

我心中的平安寧靜
是以血為代價買來的寶物
是你們所不能理解
以血為犧牲而來的寶物

這個平安　是我的生命
這個平安　是我的天主
——高村光太郎[22]《智惠子抄》

22. 高村光太郎（Kotaro Takamura，1883-1956），日本著名的雕刻家和詩人。

無語而極致純然的祈禱，是在天主面前靜默，在明白如何聆聽天主的內心平安中歇息。

第十章
祈禱的人學

我們說「祈禱是靈魂的呼吸」，借用了肉體生命本質行為之一的「呼吸」一詞，以說明祈禱的本質（參照第三章〈靈魂的呼吸〉）。然而，一旦要說明祈禱的要素，身體這個重要因素就不僅限於比喻而已。「祈禱的身體性」就是這個意思。祈禱雖說是心的活動，但不只是心的作用而已。祈禱是「靈魂的呼吸」、「愛的呼吸」、「聖神愛的氣息在我們之內」，以上這些關於祈禱的本質論，都如實正確，但若要談及祈禱的主要因素或具體的構成要素，就不能不提出人的存在，以及人的心理構造。換句話說，就是祈禱的「人學」。在此領域，不容神學之僭越。在「祈禱與生活」、「行動與默觀」這些關於祈禱的重大問題上，有很多錯誤的理解；之所以會有這般不明確的認識，正是因為神學無視於人論，不當越界，過分強調祈禱本質之故。

「祈禱的人學」在此聽來有點誇大，但事實上再簡單不過。人是由「心與身」所構成，只要想成「二者合而為一」，幾乎是件等同於常識的事情。重要的事並不一定是難以理解的事，有時就出現在我們周遭的平凡事實之中。

不間斷的祈禱——不知名的朝聖者——

很久以前，我讀過《俄羅斯朝聖者之旅》[23]。這本書已譯成多國語言，感動了許多讀者。書中敘述大約在一個世紀以前，一位基督信徒的祈禱經驗。

23. 中譯本：《東正信徒朝聖記》光啟，1980；《一位俄國謀道者的故事》聞道，1990。兩個版本都由劉鴻蔭神父翻譯。

他的內心日夜不斷煩惱，細想要如何才能實踐聖保祿在給得撒洛尼人的第一封書信末了所教導的「不間斷的祈禱」（《得撒洛尼人前書》五章17節）。後來，他在朝聖的旅途中遇見一位隱修士，隱修士給他看一本名為《修德的實踐》的書，並蒙修士指點書中的祈禱法。

此即東正教會自古流傳下來，稱之為「*Hesychasm*」的祈禱方式。希臘文中，「*Hesychasein*」的意思是「安靜下來」，而這個祈禱方式便是藉著每次呼吸，反覆唱誦「主耶穌基督可憐我罪人」，藉此使祈禱者達到天人一體的境界。因此被稱為「耶穌聖名禱文」。若以佛教來說，就是淨土宗的專修念佛，類似持名唸佛法門，不斷誦唸阿彌陀佛佛號。東正教的這個祈禱修行，近似於佛教的「百度石」、「千度石」、「百萬遍」這類環繞特別石碑、計算唸佛次數的不間斷祈禱。這個不知名的朝聖者專心全力地唸著耶穌聖名禱文，起先每天誦唸三千次，後來增為六千次，到最後，一天竟能誦唸一萬二千次。

當藉著呼吸吐納的祈禱逐漸內化於肉身時，心跳會配合一起律動唸誦。跳第一下時唸「主」這個字，跳第二下時唸「耶穌」，跳第三下時唸「基督」，接下來的祈禱亦會隨著心的律動在心底回響。幾乎是超越人類所能的祈禱修行，在學習後，慢慢地成為自己的能力。

「和心臟一起跳動」，不是說要把手放在胸口，或按壓脈搏感覺心跳，而是要想像著心臟形狀及其跳動，每次呼吸時唸著「主耶穌．基督．可憐．我罪人」。然後，隨著每次的吸氣和吐氣，漸漸地感覺到「對耶穌的祈禱」進出自己的心臟。乍看之下是很幼稚不成熟的祈禱方法，但不知名的朝聖者卻因此體驗到深刻的祈禱。

「起初，我能持續一、兩個小時這樣的修練，隨著越來越進步，時間逐漸拉長。最後，幾乎一整天都能專心於此修行中。當我覺得疲累，或懶散起來，或心生疑慮時，總之先打開《修德的實踐》一書，閱讀修練心臟的那個部分，對此祈禱的熱心和歡喜，因而得以隨之重新振作。大約過了三個星期之後，我開始感覺到心上有一種痛楚，可是這個痛楚往後卻變成非常愉悅的溫暖和寧靜。由於這個經驗的鼓舞，我更加專注於修練這祈禱。我將全然集中努力於此修行，且使之成為我最大的喜悅。而且，從那時起，我的內心和精神開始有了種種不同的感受。此外，心中有一股甜蜜的溫暖瀰漫我的全身，甚至體驗到天主真實存在於我之內。在呼求耶穌聖名時，我所體會到最大的喜樂是，深刻體悟到主耶穌自己所說的：『天主的國在你們當中』這句話的涵意。」

這和天主教常見的某些祈禱方式有些許相似，例如短禱、玫瑰經等等。事實上，這位不知名的朝聖者也常帶著玫瑰唸珠不離身，用來持續誦念「耶穌聖名禱文」。在天主教會內，尤其在修道生活中流傳下來的「天主臨在」修行體驗，亦與此相仿。每十五分鐘一次，為提醒修行者意識到天主的臨在，並且集中注意，會暫時中斷交

24. 作者註：參照岸本英夫著《宗教学》P.68-69，大明堂出版，1961。岸本教授指出，「西方宗教的傳統上修行性較為薄弱，特別是近代基督新教在修行方面，很難找到外文著作。」關於其理由，他認為原因在於，「相對於擁有概念性的、理性的精神構造的西方，東方則是直觀性的、體驗性的，不在理論之路迂迴，藉著直接的、修行的行動，測量信仰體制的強化程度。」繼之，他又提到一個重點，「以神為中心的宗教，強調神與神的恩惠，不太重視人自身的努力。更好說，因著自我意識的努力想要強化信仰，伴隨著修行而來的自我意識過剩，恰是信仰的絆腳石。」是非常適切的指摘，但我認為需要針對一、兩點加以修

談，低聲誦唸「聖母經」，有時由人負責搖鈴或敲打木板做為信號。修院保有這樣的習慣並非久遠以前的事，當我於一九五〇年代入會時，仍保有部分這類修行方法。不過，每隔十五分鐘做提醒的動作，對於負責搖鈴或打板的人來說，會造成不當的神經疲勞，很快就被廢止。然而在西班牙還能看到，某些從小就進入修院接受培育的十來歲青少年，在與人交談之時，還忠實地將小小的短禱穿插在對話間，雖然會覺得這樣的虔敬舉止有點好笑，但另一方面也讓人感佩不已。

近代提及「祈禱的身體性」，或「身體的祈禱」、「以身體祈禱」這些說法時，指的特別是東方的瑜珈或坐禪；然而，在基督宗教裡也有實際如上所述之祈禱體驗且流傳至今。

因此，無論是東方的瑜珈、坐禪，或西方基督宗教的祈禱，都是人的祈禱；既是人的祈禱，就表示不可能有不需要身體的祈禱。

只是，在東方的文化傳統中所孕育出來的祈禱方法，和西方，特別是拉丁基督宗教的祈禱相較之下，身體的角色顯得更為重要。不知名的朝聖者雖然是基督徒，但他學習了非屬拉丁文化圈的東正教會的祈禱方法，亦值得我們注意。

這當中或許有一個原因是，東方與西方的意識型態或精神構造有所不同，基督宗教具有以神為中心的特質，而東方宗教的特質則是專注於自我實現的修行。[24]被視為西方基督宗教靈性的理性主義，和東方宗教中以體驗主義為基礎的傾

正批判。第一點說到東西方精神構造的差異，從人學的認識上，或從宗教性的事實觀察，都明顯可見。唯有兩點問題我想提出來說明。
第一點，岸本教授指出西方宗教傳統中的修行性相當稀薄，主要直指基督新教，是正確的。西方基督宗教中，即使是強調理性靈修的拉丁教會，也有自五世紀的聖本篤以降，在既廣闊深高的教會中培育的中世紀修道生活，並延續至今。如此紮實豐厚的修道生活傳統，如何活用於現代生活中，是天主教會的重要課題。停止過去因為反對修行過度而產生的「世俗化（secularisation）」的浪潮，嘗試育孕新世代的修道生活型態，這陣痛期的苦悶，是現

向，或好或壞，皆互有牽連，在各自的領域中都可以看出很大的問題。我願盡可能正確地釐清這些問題，並試著對祈禱的本質有更為深入的理解。

身心一如

人原由「心與身」此二種本質性的要素組合而成，如前所述，這兩個因素是「二者合而為一」的。

就身體而言，人與其他的動物無異。不，更認真說來，人無論在體形和力氣上，都是非常脆弱的動物，但在心靈上卻凌駕於無限的宇宙；哲學家巴斯噶[25]之所以會說人是「會思想的蘆葦」，其不可思議即在於此。若我們認為「心與身」正如上述般，是兩樣完全不同的存在，或許就會頷首同意柏拉圖的想法，他將身體視為人心智或精神的世上監獄。不過，人的奧祕並不止於精神上的偉大，或是心靈的無限廣闊和深奧。我們一方面擁有高貴的靈魂，在關於自我的思考之中甚至包含「永恆的世界是什麼？」、「神是否存在？」這樣的發問，同時帶領我們飛至現世存在的彼岸。但另一方面，現實中，我們對於芝麻小事時喜時悲，有時在人前人後都無可訴說的憂苦中掙扎，甚至萌生自殺的念頭。

說人神祕也好，是謎也好，不如說根本莫名其妙；這樣的神祕不可思議，究竟

代修道生活的問題。少時成長於基督新教家庭的岸本教授，或許忽略了這個問題吧；他雖然對於聖女大德蘭有相當優異的研究，但以心理分析為中心，並未觸及加爾默羅會的修道傳統。
第二點，雖說基督宗教以神為中心的特點，然而，只要是祈禱，無論以何種形式呈現，都是以神或是相當於神的超然存在為中心的。關於修行，就如岸本教授自己於著述中所言，「無法帶來任何直接價值，僅具有手段性的價值」；修行是為了讓自己的心準備好接受天主，修行或者做為修行的祈禱，都不必然直達天主。泉水雖自地底湧出，但若天不降雨，也沒

從何而來呢？有一日文俳句說：「從盆到盆，莫名其妙無法理解」，從出生那刻入浴的澡盆到棺材盒，這一切「難以理解」無非就是所有人類生命的寫照。姑且擱置那些複雜的說明，簡而言之，人之所以珍異的原因即緣於，「心與身」這兩個極端的世界，在人之內竟成為「一體」，實屬於形上學的難解神祕。即使像祈禱這樣極為純然的精神現象、心理現象，也不例外。甚至可以說，在祈禱之中，「心與身」這不可思議的極端性，恰恰展現出其最大的比重。如果我們看吃飯和睡覺這類活動，不會有如此大的矛盾或弔詭，食與寢只消動動嘴巴或躺下來，極為單純的肉體行為就能滿足。而學問或藝術正好相反，是藉著具體事物的透明化，如實將精神層面展現出來。然而，祈禱並無法這麼簡化歸類。若如前些篇章所述，祈禱是「和天主交談」、「把心獻給天主」，「彼此相愛者的親密心內交流」，那麼視祈禱為純粹的精神行為倒也無妨。但如果祈禱只是「心的作用」，那麼，那位不知名的朝聖者的「不間斷的祈禱修行」，根本一點意義也沒有。日本曹洞宗道元禪師㉖年少時，曾批評唸佛是件徒勞無益的事，如同春天稻田裡的蛙鳴。（參照《正法眼藏》辯道話）

但一方面，認為唸佛徒勞無益的道元，並不是不知道「祈禱的身體性」。無論師承何人，因專心一意坐禪的修行方法，而認同身體力行的祈禱有其價值的，正是道元。「無所得，無所悟，只管打坐」，正是全然放下心中的一切行為，單純地打坐，「證上之修」、「身心一如」的世界。

有湧泉。修行是為了讓堅硬的地面能夠變得柔軟，好能不斷地、充分地吸收天主降下的甘霖，所做的努力。
關於這點，本書中會有更詳盡的說明。而在東西方靈修的差異，並不若岸本教授論述得這麼簡單。
順帶一提，與「修行」一詞之含義較為接近的西方詞彙應是「ascetic」，有時被譯為「苦行」或「克己修德」，但以「修行」較近其義。因為教授在其著作的註解中並未提及，我尚且附記之。

另外，單以持名唸佛（反覆誦唸佛號）而體驗到極致救贖的親鸞上人[27]，他也認為正確地掌握到「持名的神奇」及「誓願的神奇」之間的關係，是非常重要的問題。曾有些故意耍小聰明、賣弄一些艱澀知識分析的法師，逮住目不識丁的教眾便問：「你們唸佛是出於相信佛陀誓願拯救人的奧祕，或是期待持名唸佛本身的功德呢？」而遭親鸞上人指責。（《歎異抄》十二）

若以西方哲學的說法來看，親鸞上人反對把解釋唸佛之概念的發願說，和以唯物論來理解的持名唸佛說，視為對立二分。

正是因為誓願的奧祕才有持名唸佛的奧祕，此二者就像一張紙的兩面，而非各自獨立存在，這並不單純只是真正宗教學上的課題，或是佛教心理學的問題。這無非只是證明了人的身心合而為一這種存在論上的構造，其來有自。

心禱之師聖女大德蘭曾經舉了一個例子。有一位只知口禱、但對心禱一籌莫展的修女，雖然她只依靠天主經，卻體驗到純默觀，達到了默想的極高境界。（《全德之路》[28]第三十章）

為更明確地指出關於祈禱時「心與身」之間的深刻相互關係，巴斯噶曾說過：「就像所有的善男信女所做的一樣，無論做什麼都好，只要在祭台前跪下，擺出祈禱的姿勢。這樣反覆幾次之後，你自然而然會看見天主，慢慢會明白這是怎麼回事。」

25. 巴斯噶（Blaise Pascal，1623-1662/67），法國數學家、物理學家、宗教哲學家。思想受楊森主義及奧斯定學派影響，認為「人心有一些理性所無法得知的理由」。著有《給一位省會長的信》（*Lettres provinciales*，1656-1657）共十八封，信中批判耶穌會，有關恩寵論之摩里納主義及倫理神學之蓋然論。另著有《沉思錄》（*Pensées*，1670），書中不贊成傳統士林神哲學的理性推論天主的存在，而強調人只能依據恩寵及信仰自由地決定，接近天主的無限奧蹟。

26. 道元禪師（Dōgen，1200-1253），日本曹洞禪宗的創始者。

巴斯噶想說的是，從「祈禱的心」自然生出「祈禱的樣子」固然是事實，然而反過來說，擺出「祈禱的樣子」，很奇妙地也會漸漸培養出「祈禱的心」。

天主　或佛陀
是否真的存在　我不知道
但是　雙手合十時的那份寧靜
究竟從何而來呢
左手支撐了右手的痛苦
右手接納了左手的堅決
流動在其間的安靜時光
教給我這樣姿勢的
會是誰呢……
——高田敏子〈淺草觀音〉

這首詩也在呼應巴斯噶觀點中所說的，身體的姿勢可以產生祈禱的心。日文信函的結尾處，有時也用「合掌」一詞，這個詞所表現的行為，意味著尊敬和敬拜之心，就像「跪下」這個動作會自然湧出「謙遜」和「敬畏」之心。

27. 親鸞上人（Shinran Shounin，1173-1262），日本佛教淨土真宗的創始人。
28. 引自《聖女大德蘭的全德之路》，星火文化。

祈禱是面對著神佛時所產生的心思動念，如果只把它視為單純的理智或意志的一個內在行為，乃是犯了一種觀念論的謬誤。即使是在祈禱中常常被視為麻煩問題的分心現象，也是一種只要身體存在就一定會發生的現象。如果是純精神體，如天使、天上諸聖、天主，就絕不會有這種分心走意的現象。

如此說來，在論及人的祈禱時，「祈禱的身體性」便是個很重要的課題。曾經有一位法國的加爾默羅會會士以《與身體一起祈禱》為題，介紹東方的祈禱方法，吸引了人們的目光。他指出基督宗教的祈禱方法，尤其在拉丁系的歐洲文化中，長久以來一直忽略了「精神的身體性」及「身體所包含的精神性」。

看得見的水與看不見的水

「存有與行為」，這兩個用詞聽起來可能艱澀晦硬，但細瑣而言，人的「存有」和「行為」，就像因果關係一樣密不可分。在哲學的理論上，也有「行為隨存有而生」的說法。

因此，人的存在既是由「心與身」這兩個想切也切不斷的部分所構成，那麼人的行為自然也會有這樣的特質。也就是說，到目前為止我們所論述的是，祈禱雖然被視為純粹屬於精神性的行為，但實際上源自身體，形塑於身體這個絕對的基礎之上。一旦根據上述原則來理解「祈禱」，那麼，思考無形體如天主、天使和天上諸聖……等的祈禱問題時，則與人類的祈禱有著本質上的不同。在人的祈禱中，身體扮演一個很重大的角色，尤其是克修的祈禱，從坐禪、持名唸佛及不知名朝聖者的例子來看，可以清楚地明白這道理。如果在祈禱中，身體扮演了本質上的重要角色，那麼，為了更了解祈禱，提出各種與身體相關的比喻時，我們會發現，比喻不只是單單做為比喻而提出來，更擁有比喻無法歸納的真實性。所以，以此為前提，引用身體和水的關係作為例子來認識祈禱，恰到好處。

喝水

為維持身體壽命，水分的必要性不言可喻。因為人的生命有百分之七十由水組成。但是，身體所吸取的水分有三種形式：空氣的溼度、包含在食物中的水分、飲用水。前二種是肉眼看不見的，即我們所說的「水分」，第三種是「看得見的水」。如果空氣中沒有水分，人在短時間之內會死亡，就算只缺少一些也會異常乾燥。就像人們在睡覺時吸入這看不見的空中水分一樣，如果沒有天主，人也會頃刻身亡。祈禱有如空氣中的水分，是源源不絕的天主的呼吸，是靈魂的呼吸，是天主的臨在。

「其實，祂離我們每個人並不遠，因為我們生活、行動、存在都在祂內。」（《宗徒大事錄》十七章27－28節）

知道我們因著這位看不見的天主的臨在，連片刻都不可缺少的臨在而滿足，正是不斷祈禱的根基。

第二種看不見的水，即以水分的形式包含於食物之內。食物可以比喻成日常生活行為，而食物中的水分是愛，也就是祈禱的心。這意喻著我們的日常生活行為若沒有祈禱，將無以為繼。這是為什麼我們說「生活的祈禱」或「生活即祈禱」。

然而，維持肉身的生命，光靠這兩種無形的水，即空氣中的水分和食物中的水分是不夠的。我們每天還必須飲用一定分量的水。這是「祈禱生活」的必要性，表示每天必須保有一定時間的祈禱。

要正確理解祈禱的問題，我們必須顧及這三方面的祈禱形式。事實上，聖保祿所說的「不斷祈禱」（《得撒洛尼人前書》五章17節），被認為是正好相反的理解方法，這也是基於對天主臨在的不同認識而產生的。

天主如空氣中的水分一樣，源源不絕的臨在，不知名的朝聖者以每次的呼吸修練耶穌聖名禱文，甚至配合心跳律動祈禱修行，試圖將祈禱肉體化。相對於此，有的人接受聖保祿「不斷祈禱」的勸言，類似第二種無形的祈禱形式，亦即食物中看不見的水。

比利時籍的神父路易．伊夫立在他《現代人的祈禱》一書中說：「在評論現代靈修時，必須顧及此一事實，現今人們愈來愈少時間專務『祈禱』，無法定時祈禱。無論如何，我們都必須要學習『不斷祈禱』，而且也必須要學習如何『行動靈

修』……」（路易．伊夫立 Louis Evely，*The Prayer of a Modern Man*，1968）

我們不是天使

或許應該直接問問聖保祿本人，到底他說的「不斷祈禱」是什麼意思。我不認為他跟得撒洛尼人提到「不斷祈禱」時，是勸勉他們要一日唸一萬兩千次的「耶穌聖名禱文」，或提倡「日常生活即是祈禱」。而路易．伊夫立在上述書中又提到：「如果你必須和人們交談，記得稍候片刻，先和聖神商量一下，就像接受訪問或聆聽誰那樣。……當你被人們詢問什麼時，先吞下你將要出口的回答，先祈禱一下，聽聽你該說的是什麼。尤其在你說話時，你必須知道如何聆聽。如果你要去見某人，先等一下，如此一來，才能讓另一個人同伴前行。」像這樣，在生活行動的片刻間隙中織就的「一點點祈禱」，我也不認為這是聖保祿要教導我們的「不斷祈禱」的方式。

如何在繁忙的現代生活中祈禱，在這個重要的問題上，若未有任何但書而不明究理地直覺認為，「每個活動本身即是祈禱」這個極致的神祕階段可適用於每個人，這是最危險的思考方式。就無形體的存有而言，如天使、天上的聖人和天主，他們的每個活動或生活的每一刻都是祈禱。無疑地，他們不需要每天進行兩小時的心禱，如同加爾默羅會的會規所規定的，也不必長時間坐禪，不用每日誦唸上萬次的佛號。

但是，人不是天使，是有形有體的存在。若忘卻這個平凡的事實，就會忽略掉祈禱的本質和祈禱的要素之間的區別。當我們過分強調祈禱的本質時，會使得我們失去祈禱，如同本章一開頭所說的那樣。

伊夫立的書裡又說：「基督宗教以位居於行動和默觀之間為世人所知，但很早以前就超越人們錯誤區分的這個階段了。那是因為基督宗教的本質裡有愛的參與，而基督宗教的祈禱是，祈禱這個動作本身就是去愛，在基督宗教內的種種行為，是因著愛而被帶動起來的。」

這是個燦爛耀眼、漂亮的祈禱理論，然而，若以「基督宗教的本質是愛」這個概念上的定則，將祈禱與行動之間的問題簡單化處理，將沒有比這更大的錯謬。

著名的卡萊爾[29]也強調「工作是祈禱」，他以激烈的口吻表達：「就根本而言，所有真正的勞動都是祈禱。所有不是勞動的祈禱，最好跟婆羅門僧侶、道德廢棄論者、跳舞的伊斯蘭教僧侶，或其他這類人，一塊兒找個什麼地方去吧！」

若瑟·皮珀[30]在他的名著《閒暇：一種靈魂的狀態》（*Leisure, the Basis of Culture*）中，則嚴厲地譴責勞動本身即是祈禱的理論。

一方面，有不知名的朝聖者或禪修者，抑或是默觀修會，這些人所認為的「祈禱即生活」；同時間，也有卡萊爾和伊夫立這些人所持「生活即祈禱」的理論。對於在現代社會中行動的修道者來說，這兩者都是不得不深刻思考的事。

29. 湯瑪斯·卡萊爾（Thomas Carlyle，1795-1881），蘇格蘭倫理道德推動者，不欣賞制度化的教會和教條，認為物質世界之內有精神世界的存在，強烈反對唯物論，並宣揚一位內蘊的、仁慈的神。著有《論英雄、英雄崇拜及歷史中的英雄行為》（*On Heroes*，*Hero-worship*，*and the Heroic in History*，1841）、《過去和現在》（*Past and Present*，1843）等。

我們要如何確實理解這兩個幾乎被視為全然對立的祈禱知識呢？對所有的靈修，尤其對修道者來說，這是一個根本上的問題。若是像一些天主教會內具有悠久修道傳統的地方，在思考教會現代化和本位化這個重要課題之關連性的同時，也必須更認真衡量上述問題。因為我們沒有辦法簡化這些，認為對默觀修會來說「祈禱即生活」，而對行動修會來說「行動即祈禱」。

說出類似「我的生活，整個如實就是祈禱本身」這種話，如卡萊爾之流的自負，大概和真正祈禱者的心沾不上邊。另一方面，在無意識間說服自己和別人，堅信只要遵守修道生活的祈禱日課習慣，就會像個祈禱的人，這樣的欺瞞也不可原諒。

由於這個問題明顯超出「祈禱」這個主題範圍，甚至涉及修道生活的神學，日後有機會再詳論，在此僅就「祈禱」為中心探討問題之焦點。

祈禱是靈魂的呼吸

在思考關於祈禱時，無論祈禱的定義或方式如何，所有相關問題的共同點應在於「不間斷」。祈禱是舉心歸向天主、與天主親密交談、或在天主前靜默，即使有各種的說明和方法，都必須加上「不間斷」這個副詞。

因為，祈禱的本質是，持續不斷地加深與天主合而為一。祈禱是靈魂的呼吸也

30. 若瑟．皮珀（Josef Pieper，1904-1997）德國哲學家、神學家、天主教平信徒。主張人對實在界的經驗，事實上包含向啟示宗教、神學開放的哲學精神，並發揮人之基本品德。著有《事物的真理：中古時代人學的研究》（*Wahrheit der Dinge：Eine Untersuchung zur Anthropologie des Hochmittelalters*，1947）、《論傳統的概念》（*Über den Begriff der Tradition*，1958）、《論愛》（*Über die Liebe*，1972）等。

是這個意思，表示無論清醒或睡眠，祈禱就如同呼吸般繼續不斷。俄國的不知名朝聖者，按字義應用這個定義，以身體的呼吸協調他的祈禱。開創躍動唸佛法的空也上人[31]其著名的木雕像，有六尊小佛像從唸佛者口中冒出來，排成一列，像枝頭上的小鳥一樣；這樣的表現也正是意喻著，配合每一次的呼吸律動誦禱南無阿彌陀佛。無論何者，都充滿著對祈禱的強烈熱情，想要把生活的一切都浸潤在祈禱的水中。

31. 空也上人的著名雕像，雕刻出他的口禱——跳躍的念佛，隨著呼吸的律動，從他的口中冒出來一尊尊的小佛像。（承蒙日本京都市六波羅蜜寺提供照片，特此申謝）

相對於此，讓日常的大大小小生活行為，一一流動著祈禱的活血，就是從「生活即祈禱」這理論中所推論出來的「不間斷的祈禱」。平常如「謝謝你」、「對不起」自然不消說，飯前禱和飯後禱，起床和就寢，甚至一整天中的「早安」、「午安」、「再見」、「我要出門了」、「我回來了」、「你回來啦」等等，也會變成充滿祈禱的美麗話語。還有，在和人們的交談中或工作上，藉著在一切事上時常努力舉心歸向天主，能避免日常的生活行為乾涸，失去生氣。這一切都是「不間斷的祈禱」的功夫。

「持續不斷」本身沒有什麼問題，問題在於怎樣才能達到「持續不斷」，關於這點，想法和作法眾說紛紜。意即，討論的並非「祈禱的本質」，而是「祈禱的方式」了。

誰都能祈禱

繼之在此，我們同時思考的另一個重要的關鍵是，所謂祈禱的「不間斷」，不只是「無論何時」、「無論何地」，也是「無論何人」。

不論身處何種環境，無論何種身分或職業，每個人都必須持續不斷地祈禱。因此，必須設法找到我們每個人都做得到，且都必須做到的方式。

與其說是「一」，更好說是「〇」的祈禱形式。

談到貫徹「一」的祈禱，就像耶穌聖名禱文、唸佛、坐禪這類方式；而從一開始，往二、三、四……無限延伸的祈禱形式，就是「生活即祈禱」的理論。前者祈禱的共通點在於「貫徹專一」的根本形式，但那「一」所指的各有不同，大異其趣。如唸佛、坐禪、密宗的阿字觀[32]、耶穌聖名禱文，甚至是瑜珈等等，千差萬別。

尋求此種方式時，是要專務單一的修行，或者採取混合的祈禱方式，端看個人的靈修如何接受與理解。例如，在佛教中，有被稱為唸佛禪的黃檗禪宗，也有一遍上人[33]師承於法燈禪師[34]，得到禪修認證的唸佛法。今日也有所謂的基督禪，坐禪時誦唸「南無耶穌基督」名號的基督徒。在明治時代，有邊敲木魚邊唸〈天主經〉的著名基督徒，據說還有一些人會誦唸「南無阿彌陀佛，阿們」。

那些想要貫徹其靈修純粹性的人們，可能會覺得這種混合的祈禱方式非常古怪，甚至令人感到不悅。但無論何者，我們都可藉此看出，「形式是相對的」這個事實。或許有人說我非得使用某個祈禱方法不可，但不代表這個方法亦能套用在每個人身上。「專注祈禱」是祈禱中不可或缺、本質上普遍共通的要素，若從祈禱的形式這點來看的話，則未必需要相同的形式。

32. 密教將「阿」字稱為萬法的本源，將宇宙萬象都歸於「阿」字之中；而且所有密教觀行，廣言之都是「阿字觀」的廣略修法。
33. 一遍上人（Ippen，1239-1289），日本鎌倉時代中期僧侶，時宗之開祖，諡號圓照大師、證誠大師。
34. 法燈禪師（Hōtō），本名心地覺心，1207-1298。被龜山上皇及後醍醐天皇封為法燈禪師、法燈圓明國師。

祈禱上的弊病

而我們千萬不要忘記，從上述祈禱形式產生的修行祈禱，很容易產生種種弊病。首先是修行主義。在祈禱的次數上，認為千次比百次好，萬次比千次佳；而祈禱的時間，兩小時比一小時好，十小時又比兩小時好，二十小時當然比十小時又更好，最後變成追求一整天都藉著祈禱，以求喜樂不斷的精進。像這樣超出常識理解範圍的修行，嚴厲激烈的苦修形式接二連三出現，在佛教史上甚為明顯。變得只強調意志和體力的自力性格，激烈追求嚴格的修行和成就後的滿足感；也以「滿願」、「滿行」的目標或生活規則的嚴格程度，將修行神格化，創造出宗教中的菁英。

沉浸於唸佛時一心不亂、靈修甘美的境界，覺得只要坐禪就自然而然會開悟、會默想，或進入修道院幾乎等同加入聖人之行……，對任何人來說，要擺脫上述這些錯覺並不是容易的事，連要覺察到這些都很困難。然而，一旦覺察到這樣的錯覺，便即隨意捨去修行的形式，轉而世俗化。因為不想被認為是聖人，卻反而出現另一種虛榮。

關於這點，有則故事可以分享，是中國著名的高僧馬祖年輕時的故事。

這是在馬祖跟著禪師南嶽[35]修行時發生的事。南嶽看出他的慧根，有天在馬祖坐禪時問他一個問題。

35. 馬祖道一（709-788），中國唐代禪師；南嶽懷讓（677-744），是馬祖道一的師父。

「你修行坐禪所尋求的是什麼?」

馬祖隨即答道:「成佛。」

南嶽於是在他身旁撿起一塊瓦片,開始在隱室前用石頭磨擦起來。馬祖看到這個奇特的動作很覺驚奇,遂問:「師父,您在做什麼?」

「磨亮瓦片,做面鏡子。」

馬祖愕然反駁師父的沉著回答:「無論您怎樣使勁磨擦,瓦片絕不會變成一面鏡子的。」

南嶽接著平靜地答道:「藉著坐禪,是否就能成佛呢?」

這是著名的「磨瓦成鏡」的典故。

不用說,這故事絕不是指坐禪徒勞無益,而是警告、抵制過份強調坐禪的修行主義及自力主義。像這樣刻意地鮮明擺出坐禪的姿態,反而不可能會有真正的坐禪。

明白這個幾乎等同於本質的問題,如何深刻且巧妙地涉入所有的宗教和所有的靈修,對於祈禱和修道生活來說,至關重要,這絕非言過其實。也就是說,若不思考以上問題,可能會因此顯示出修行沒有意義,毫無價值。

像這樣,一方面將某個規則或方法神話化、或依照修院會規機械式地奉行時,將使得祈禱產生形式化、空洞化的危機;另一方面也可能有對修行反感的世俗化現象產生的危險,是真誠的心意與外在形式無法同步的悲慘。然而,如同不知名的俄國朝聖者、道元或親鸞上人，當祈禱的形式充滿祈禱的心時，自然沒有這樣的弊病。並且，當我們相信形式能塑造心靈，而謙虛和熱心地勉於修行或祈禱時，也是好的。如果認為單單光靠遵守形式，就能成就心靈的話，是有問題的。

這種形式主義終究會使祈禱傾向風格主義化，脫離生活本身，成為空洞無力之物。就算唸了上百遍悔改皈依的禱文，卻無法達到悔改皈依的事實；祈禱，僅僅只是一種義務，就像在包裝得美極了的蘋果箱子裡裝進腐爛的蘋果一樣。當心靈和形式合而為一時，形式的存在就像蘋果的果皮一樣。就算同樣包覆著蘋果的果實，果皮也不會是包裝紙或箱子，而是與蘋果本身共存的生命，無法與之切離的形體。祈禱的形式若如此般，即是活生生的存在。

將上述種種做一總結，從祈禱的形式中我們應當學到最重要的一點是，像那些跨越各種障礙的人們，堅持貫徹單一形式而「專注祈禱」的精神。無論在哪裡都一樣，是普遍且不應改變的。而「不間斷的祈禱」裡所指的「不間斷」正是此意。但那些下足功夫的「祈禱的形式」，則是相對的和個人的。要選擇何種形式，依據宗教之不同，必須思考什麼才是最適合各自的個性和靈修，且因應每個人的不同而有所不同。然而，無論決定遵行何種形式，這個形式都必須和身體合一，如同蘋果皮一般。因此，只要形式依靠身體，通常必須有很長的時間修練。此乃修行的祈禱。再者，為了達到形式確實依附身體，我們必須擁有「對形式的信賴」，並確信藉此一定能夠讓真正的祈禱成為身體的一部分。若缺乏這樣的確信，什麼也達不到。此即禪修中所謂的「大信根」，意即懷有堅定的信心，毫不動搖。不只根據形式，也要相信形式——這是賦予祈禱形式生命的重要心理覺悟。過份強調形式，會導致陷於形式主義或將形式神話化；而若缺乏對形式的信賴，則無力藉此雕塑心靈。

信賴祈禱的形式是個關鍵，能讓我們達到「忘卻自我」——這個祈禱中最基本的要點。但不光是要信賴形式，以形式雕塑心靈，更要忘卻以雕塑心靈為目的的執著和欲想，唯有單純地把自己全然交託給形式時，形式從此才能成為真正有效的形式。原為追求脫卻身心一切煩惱妄想的修行坐禪，轉變為忘卻身心、以現下之肉身即可成佛的坐禪，修行和覺悟合而為一，即詩人松尾芭蕉所言「先入，而後出」。若無法達到這般境地，不可能成為前述如蘋果果皮般充滿生命的祈禱形式。真正的「大信根」，不只要懷有堅定的信心，更要求「大憤志」，即決志前行，破釜沉舟之志。若只單單進入形式之中，無法從中脫出，只能算是形式主義；但若不先進入形式，又怎能退出形式呢？因為不進入，就不可能有退出。

「沒有形式的祈禱」的說法，是從「生活即祈禱」這個理論中所衍生出的危險。如此，最終只會讓我們失去祈禱而已。

生活即祈禱——理解祈禱的存在意義——

不過，「生活即祈禱」這個理論，有著和之前提過的第一個祈禱形式不同的重要問題。也就是說，不能光以心理層次或本體論這樣的等級來處理祈禱的問題，還必須要把祈禱擺在實際存在的場域，著眼觀之。

說祈禱是高舉心神歸向天主，或與天主充滿愛的交談，這是以心理層次來解釋祈禱；而稱祈禱是藉著神祕經驗與天主結合，或「與靈魂的轉化合一」，這是以本體存在層次的關係來理解祈禱。兩種對祈禱的說法在其各自的層次上都是正確的，不過，卻沒有一針見血直抵基督宗教中祈禱的真正核心。若在此將「佛陀」替換成「天主」，本質上和佛教的祈禱並沒有什麼兩樣。

基督宗教的祈禱核心中，並未存有這種從心理層次、本體層次上，來看天主與我們之間的交集的終極價值。

基督徒的祈禱核心，無論是思想（心理上的），或者某個事件（本體上的），一切的一切，都該是行動，意即必須包括渴望承行天主旨意，且收斂心神、不間斷地努力於此。這可稱之為祈禱的實存性，亦可說是「行動靈修」。如《瑪竇福音》中說：「不是凡向我說：『主啊！主啊！』的人，就能進天國；而是那承行我在天之父旨意的人，才能進入。」（參照《瑪竇福音》七章21節，《路加福音》六章46

節），以及《若望福音》中說：「我的食物就是承行派遣我來者的旨意，完成祂的工程。」（參照《若望福音》四章34節，五章30、36節，六章38節，十七章4節）

有位中世紀的神祕家這樣說：「那些與基督同在天國裡的人，不是那些行了豐功偉業的人，也不是大默觀家，而是那些天天與基督一起被釘在十字架上的人。」他的話正好為此祈禱核心背書。

基督徒的祈禱所尋求的，不像佛教徒那樣，只是為了離棄娑婆紅塵、人間俗事，沉浸在天上的馨香中。基督和基督徒是「世界之光」，這光不能是離於世界之外的，必須是投身此世、與此世間的罪惡爭戰的光，為重新塑造這個世界而熊熊燃起的火焰所發射出的光。

「我來是為把火投在地上，我是多麼切望它已經燃燒起來！」（《路加福音》十二章49節）「你們不要以為我來，是為把平安帶到地上；我來不是為帶平安，而是帶刀劍。」（《瑪竇福音》十章34節），基督說出這樣的話，所要教導給我們的中心思想是：「願祢的旨意奉行在人間，如同在天上。」（《瑪竇福音》六章10節）

基督所尋求的是「奉行」天主旨意，這個屬於宇宙普世命令（*fiat*）似的祈禱，而這樣的祈禱在瑪利亞身上則如實轉變為——願天主旨意「成就於我」（《路加福音》一章38節））[36]，一種於人間實實在在獻出自己的祈禱。

這個行動的靈修，正是「生活即祈禱」最根本的實證，也就是對祈禱實存性的

36. 〈天主經〉中的*fiat*和瑪利亞的有些不同；前者指的是在整個宇宙中的天主旨意，後者是允諾天使傳達的訊息。這個差別在希臘文中很明顯，〈天主經〉使用被動的命令式，在瑪利亞的情況則是用祈願語態。

認識與理解。「那遵守日子的，是為主而遵守；那吃的，是為主而吃，因為他感謝天主；那不吃的，也是為主而不吃」、「因為我們或者生，是為主而生，或者死，是為主而死。」（《羅馬書》十四章6、8節）聖保祿的一席話巧妙地概括了這實存性的面向，指其紮根於本體和心理的合一上。

無疑地，像這樣使整個生活成為不間斷的祈禱，是基督徒祈禱的至高姿態。然而，理想和夢想之間常常是一紙之差。

假使這個理想就這樣實現了，那麼，第一個祈禱形式中說的「不間斷的祈禱」就一點意義也沒有。如果道元說，唸佛只是稻田裡徒勞無益的蛙鳴，那麼俄國那位不知名的朝聖者的耶穌聖名禱文也一樣；只管打坐的坐禪，也不過只是把人去價值化視為植物，不，更甚至是如雲、如水一般，將人類去生物化到了極致。

水的祈禱

為幫助我們理解這些問題，必須思考先前說過的水的比喻。空氣中和食物中的水分尚不足以維生，除非喝入足量的水，否則我們會死亡。這對靈魂的呼吸——祈禱而言也一樣，像呼吸空氣一樣呼吸天主，像食物中的水分般，以愛將行動活出來；這還不夠，還必須有如足量飲水般的祈禱。

「祈禱時間」的必要性，僅能自祈禱的身體性中引導出來。這是非常關鍵的重點。事實上，如果認為祈禱單單只是心靈的問題，便無法推論出擁有「祈禱時間」的必要性。而如果「不斷祈禱」只在於對天主開放的態度，在一天的生活中不斷尋求天主的旨意，那麼，我們並不特別需要祈禱時間。只要在平凡的每日生活中修練這個態度和習慣就夠了。

然而，基督自己，有時會退隱到山上去祈禱（參照《瑪竇福音》十二章13節）。就算舉出這個例子，也無法充份成為佐證。

若說基督是天主，而且，不間斷地承行天主旨意的基督自身，就是祂的食物來源，那麼為了使生活的一切都成為祈禱，基督不需要任何的中場休息。因為身為天主，祈禱和生活是一體而不是分開的。如此一來，既然對身為天主的基督來說，祈禱不是必要的事，那麼要以此做為我們的模範，根本沒有說服力，全然無法成為示範。基督之所以會這樣做，非這樣做不可，乃是由於自身的需要。這是源於基督人性中的身體性。

為說明「祈禱時間」的必要性，有時還會舉出一個理由。說這正是為了「更加熱切祈禱」或為了擁有與天主結合的「加強時段」（le temps fort）。

若光就心理學的觀點來看這個理由，這也是很含糊不清的。就算不細細說明，只要體驗看看就知道這理由有多曖昧不明。你祈禱的時候，真的總是非常熱切嗎？

只要稍微反省一下就好。應該有常常祈禱的時候，或至少常因打算祈禱而去聖堂，無疑地，這是很悅樂天主的。但事實上，最後常以分心走意、打瞌睡或做白日夢發呆做收，恐怕跟所謂的「加強時段」背道而馳吧？明明是「加強時段」卻成了「虛弱時段」（le temps faible），還能稱為「祈禱時間」嗎？如果只有胸無雜念，內心寧靜，腦袋也不疲倦，在這樣的完美狀態之下才能擁有所謂「加強時段」，那麼，我們到底什麼時候才能祈禱？

而且，那些符合祈禱一詞的認真祈禱，往往不會出現在安穩的、無風無雨的日子裡，而是在面臨生活中的種種困難，如遭遇劫機般直視死亡，處於如此現實的環境時，才會有如文所述「加強時段」、「更加熱切」的祈禱嗎？

總而言之，這種對於祈禱之必要性的說明，其論證根本不完整。

為什麼不能浪費祈禱的時間？而且如果可以的話，最好是每天祈禱，其理由是？這理由光是以心的問題來理解是不能解決的，因為精神本緣於肉身。段落清楚的生理生活，一天二十四小時中要吃三餐，也要睡一兩次覺，而被肉身賦予這種本質條件的靈魂生活亦是必要的，這是極其根本的人類動機。若人的身體不能累積一年分的食物或一個月的睡眠，同樣，靈魂也不可能累積祈禱。

每年只在除夕夜裡到廟裡參神，當做一年分的祈禱，興致一來時偶爾打坐，有空的時候作點祈禱，畢竟也不算太壞。痛苦時求神相助總比不求來得好。至少一生中會想起天主一次，即使只有一次仍是個寶貴的時刻。不過，這樣的祈禱並無法完全成為人生命中一部分，也不會成為從根底開始，源源不絕、漸次改造生活的強烈原動力。祈禱真是得到天主力量的根源，而要使祈禱產生，身體本身必須成為祈禱，因為這是「人」的祈禱。

因此，一天幾個小時，一個月一到兩日，一年數日，數年或甚至更長時間的祈禱時間和默想，將漸漸成為生活中必要的事。

時間或時日的長短，依照每人的生活、年齡、個性、健康，以及符合到目前為止的教育狀況來決定。若是修會如默觀修會或活動修會的會士，則亦必須顧及各個修會的傳統、習俗，以及各修會當時的狀況，做適當且彈性的決定。度團體生活的人則必須適切分配共同祈禱與個人祈禱的時間。

上述，即以「水分與水」的比喻來理解的祈禱之第三種型態。祈禱的第三種型態雖難免有第一種型態的弊病，神話化、形式化、惰性化，但卻能成為一股力量，防止因為第二種型態——生活即祈禱的理論流於活動主義，而導致喪失祈禱的意義。由此可證「祈禱時間」的必要性。

只不過，相對於第一種祈禱型態，容易陷入過於熱切祈禱的修行競爭，只為尋求修行中的自我滿足，第三種型態則有將祈禱「微溫化」的弊病，即缺乏「貫徹祈禱」的推動力。這也和耶穌聖名祈禱、玫瑰經、坐禪、唸佛這類單純重複的祈禱不同，當一個人將祈禱的時間填滿各式各樣的祈禱方法，並浸淫於其中時，如彌撒、日課、明供聖體、玫瑰經、拜苦路⋯等，精神或心理上沒有一絲疲累，或許能品嚐到一種祈禱的充實感；但在靈魂的純粹以及培養全然歸向天主、活於天主的專注之心上，卻顯得疲軟無力。形式豐富多樣，卻因此帶來祈禱的貧乏。尤其在天主教會內，雖說如今有些敬禮方式已經非常簡化，然而不可否認的，過去有許多傳統的敬禮方式和繁瑣的禮儀規則，使得祈禱失去深度和活力。因此才漸漸出現如坐禪冥想的深奧單純，或神恩運動這種看起來自由的祈禱方式，從中找到靈魂的動力。然而，對當代的基督徒來說，最重要的問題並不在於爭論是否採用這些祈禱方式云云，而是設法了解現今祈禱的弊病何在，以及如何找到導正的方法。

學習仿傚和不加區別地採納是不一樣的。祈禱中的基督宗教本質及從中創造出來的性質特徵是不會變的，也不可以改變。而某些質地相異的部分，在被接納之後必被同化，這才算是學習仿傚。向東洋的靈修以及其中衍生的祈禱學習仿傚，即是如此，切不可喪失基督宗教自身的本質。反而言之，這對佛教和其他的東方靈修來說也是適用的。有一天，當雙方相遇於高山頂上，而非邂逅於山麓時，將會演奏出人類最最美麗的靈魂讚頌交響樂。

人造湖——祈禱之後的祈禱——

祈禱的必要性藉由水的比喻得到證實，然而，為使如水般的祈禱能成為真正的力量，祈禱之水，必須如同水庫那從萬丈之崖奔流而下的瀑布一樣才行。而為了成為水庫般豐沛的水，水庫上游人造湖中的水，必然得平靜不任意流動。當深沉而安靜的水一舉奔洩而下的時候，轉化成為水力，可見之水成為不可見之電力，是豐富人類生活的滋潤之源。

比喻成人造湖的有形祈禱，如今變成無形的祈禱，像不可見的電力般滲透到生活中的每個角落。這就是第三種型態的祈禱經過轉化後，成為無形祈禱的象徵，可稱之為「祈禱之後的祈禱」，亦可稱之「第四種型態的祈禱」。在此，並不是要把第一種型態中所言，如空氣中水分般將我們無止盡包圍著的天主之存在，就這樣變成以水的型態存在的「無止盡的祈禱」。也不只是像第二種型態中所說的食物中的水分那般，被包含在我們的生活行為中的無形祈禱。水轉變成全然不同性質的電力，成為光源、熱源照亮黑暗，就像烹製食物的熱能般，成為重新形塑世界的祈禱。總而言之，祈禱在此有兩重構造，一是有形的祈禱如靜止不動的水，一是轉化成為電力的無形祈禱；意即，將以祈禱之後或祈禱之上的祈禱型態，成為「生活中的祈禱」。

第一種型態的祈禱在此是湖，第二種型態的祈禱，則轉變成第四種型態的祈禱，即上述所喻，完全不同於水的性質，廣泛於生活各角落的電力。如此一來，第一種和第二種型態的祈禱，變成從第三種型態的有形祈禱衍生而來的第四種型態的祈禱。在工作的空檔安排祈禱時間，或在主要的生活行事中賦予祈禱的框架，比方飯前飯後的祈禱，乃至於感謝、道歉的用語或日常問候，不拘祈禱形式的任何時候，都流動著祈禱的心，的確是件非常珍貴的事。這也算是祈禱的第二種型態。但是為了深化祈禱的心思，只意想在生活一事上不間斷地祈禱，是不夠的。這樣的祈禱渴望和意向，會像在乾涸土地上灑下的水般瞬間消失。

若因為想著得更勤於祈禱，而必須從忙碌的生活中硬擠出祈禱時間的話，只會讓自己變得更加忙碌，且因此徒增焦慮和不安。如此一來，因為想祈禱也無法祈禱，心會漸漸頹廢，祈禱和生活之間的惡性循環於焉產生。總而言之，光靠第二種祈禱型態──「生活即祈禱」，會漸漸失去祈禱，且徒增因為失去祈禱後伴隨而來的虛空感。

第三種祈禱型態，將生活及生活意識明顯地做了區分，形成陰陽兩面是這個型態的特別之處。要讓流動的水平靜不任意流晃，湖和自湖傾流而下的瀑布才能明確區分開來；而就像湖和瀑布一樣，我們暫停生活秩序的流動，藉有形的祈禱打造出一座心裡的湖，從心湖裡流洩而下的水就是無形的祈禱，將會成為電力，佈滿在生活的每個角落。

祈禱有時區分為「祈禱的行為」及「祈禱的狀態」，可以用湖水及水庫發電來比喻。相當於湖水的是「祈禱的行為」，衍生發展成心禱行為或各種修行。而電力就是「祈禱的狀態」，也可以說是心禱的狀態。當這個狀態至臻完美境界時，如同聖保祿在《羅馬人書》中所說的不斷祈禱：「因為我們或者生，是為主而生，或者死，是為主而死，所以我們或生或死，都是屬於主。」（《羅馬人書》十四章8節）簡言之，已實現與天主結合的神祕狀態，也就是聖女大德蘭所說的：「曼德和瑪麗必須連合一起。」（參照《靈心城堡》第七重住所四章）

這個「神祕」所說的，並不是靈魂出竅、恍惚、聖傷⋯等，身心出現異狀的神祕現象，而是指「靈性婚姻結合」或「身心變化一致」的至高靈性階段。以坐禪為喻來說，就是從為了同時從肉身和心靈中解脫的修行，轉變成身心無礙的成佛坐禪。

不過，在此要注意的是，並不是一旦水成為電力之後，就不再需要水庫了。為了使心中的聖神發電源源不絕，水庫的湖必須常保深度及豐沛。就算有時因為日照而使水漸漸乾涸，也不能毀損水庫的牆壁。無論何時，生活的流動都不會因「阻斷的祈禱」而消失。坐禪亦然，不因為已然開悟而不再坐禪。所謂的「悟後修行」和「修證一等」，也可以水庫的比喻來說明；而開悟，就是藉由水庫產生的電力。然而，為使開悟能源源不絕地讓生活勃發，不能沒有湖。就像如果沒有了湖泊，也會瞬間停電一樣，一旦不再繼續坐禪修行，開悟也會失去其效力；開悟並不是修行的畢業證書。

修證一如亦然，不為開悟與否而煩惱，如道元所言：「若有悟跡休歇，即令休歇之悟跡長長流出。」（《正法眼藏卷一．現成公案》）。即使是開悟後的修行，也並非是更上一層樓的修行。道元要強調的是，不要為開悟與修行設定先後次序。

真正的開悟，是明白要時常重返起點，驚訝於所謂的開始其實根本還沒有真正開始。「到達終點，卻只是山麓。」是日本將棋名士升田幸三，在贏得將棋史上第一個三冠王時所說的話。老是煩惱著自己現在到達什麼境界，是在山腰嗎？還是已經到山頂了呢？這是似是而非、自以為悟達因果的「野狐禪」。

澤木興道法師說：「專心一意的修行，是否能換來開悟，此事吾人怎會知曉？」只要不站在〇的觀點上，坐禪永遠似是而非。

基督宗教的祈禱也沒有終點。不管經驗過多少次開悟般的悔改，每次都對祈禱的需求愈感迫切，直到祈禱漸漸變成生活的唯一支持。

製造出水庫人工湖的牆有多高多厚，藉此產生的電力就有多大，為生活創造出斷層的祈禱也就有多重要。

生活的水流只憑「阻斷的祈禱」，就可以讓生活產生「活躍的祈禱」。在此所說的生活的祈禱，並不侷限於不間斷地重複短禱，也不是指一邊工作一邊唸玫瑰經或連禱。

就第三種祈禱型態來說，就如同上述情況：首先，必須明白且嚴格區分兩種祈禱的性質，即有形的祈禱和無形的祈禱。前者是水庫，後者則是由水庫發電的電力，二者不可切割。再者，相當於水庫的有形祈禱裡有兩個要素。前者象徵阻斷生活水流的祈禱之壁，後者則表現出祈禱的形式。湖中之水無論從哪座山流下來，若非水庫的阻斷絕對無法蓄積成湖。祈禱的水，在佛教的祈禱中，或許是從阿彌陀山而來，或許是從禪之山丘而來；又在基督宗教的祈禱中，水是從玫瑰經而來，或拜苦路，或彌撒、日課，無論從何而來，都必須要蓋出一座阻斷生活水流的水庫。這就是所有祈禱的共通點：〇的觀點。

「阻斷的祈禱」也可以說是站在〇的觀點的祈禱。連「進行祈禱」都不需要多想，因為這並非在日常生活的水流中織就的祈禱，而是中斷日常生活之流的祈禱。

這樣的祈禱，也為幫助我們捨棄想要常常祈禱的欲念。常常祈禱是很重要的，有這樣的渴望也很美，然而，真正美好的事物是來自「沒有變化或轉動的陰影」的天主，並非憑藉我們的力量造成的。天主所賞賜的一切，不需要做一些決定性的價值判斷，只要知道滿懷感謝之情地接受就好。

因此，應當從祈禱中學習到的第一件事是，死亡。打從心底自覺到自身的虛無，在無限而永恆的天主面前，看到自己渺小不可取的真實樣貌，學習讓自我在天主之中死去，這是祈禱必要的基底。即使只是短暫的祈禱，在其中也必然衍生死的體驗，不能以為祈禱的時刻就是活著。一旦認為自己已然死亡，那麼，祈禱或必須祈禱的義務感會消失，想要常常祈禱的欲念也會消逝不見。此刻，祈禱終成為真正的祈禱，成為建造滴水不漏的水庫之壁的「阻斷的祈禱」。只要能建造出阻斷生活之流的牆壁，自然從天而降的雨水，或從山上流洩而下的水，各種各樣的水都將蓄滿水庫的湖。

這是第三種型態的祈禱中的第二個要素。會因為宗教或靈修之不同而有所不同，且因人而異。在祈禱最根本之處的祈禱，不是指各形各式、個別化的祈禱，而是指所有祈禱的共通點：能夠「阻斷」生活之流一事。

至道無難禪師㊲之短歌云：「活著，像是死的，死得徹底，隨意而行，好極。」

竹節

在思考「阻斷的祈禱」時，除水庫之外，還有一個更美的圖像可做為比喻——竹節。

隨著五月一到，茁壯長高的綠竹挺立，為清爽的初夏天空妝點色彩。幾個月後，長高好幾公尺的竹子，任憑暴風襲擊依然挺立不搖，讓竹子如此強壯的原因無他，正是因為竹子上的節，按一定間隔將竹子橫向隔開的許多竹節。那些橫斷竹子的節

37. 至道無難（Bunan Shido，1603-1676），日本江戶時代初期臨濟宗僧侶。

目，就像「阻斷的祈禱」。

竹子向上伸展的部分象徵生活的流程，節代表「切割的祈禱」。人造湖的比喻中，電力指竹子向上長的動力，節好比水壩。在水庫的比喻中，祈禱是電力，而在竹子的比喻中，祈禱是讓竹子筆直向上的力量。而橫節的祈禱就等同於水庫的厚壁。

讓我們稍微用點時間在這個比喻上。

第一，竹節牢牢地接合竹幹，像和服的腰帶一樣從外面將竹子牢繫，象徵著祈禱不可遊離於生活之外。祈禱是天主的種子，紮根於此塵世現實。像不在陸地上綻放的蓮花一樣，祈禱紮根於人生如同泥淖般的悲慘境地之中，卻出淤泥而不染，朝著天空綻開。

竹節一方面牢牢地接合竹幹，一方面在竹子的中間做出一個隱藏著的、肉眼看不見的天主橫架，而且，竹節並不厚。但就算再薄，仍能紮實地從橫面截斷。竹節之強韌，不在於其厚度，而在於其截斷橫面的方式，竹節必定不能是斜的。

何況，一旦竹節與竹幹一樣，垂直存在，那就成了沒有竹節的竹子。所以說，光強調「生活即祈禱」的直線理論，會導致失去祈禱的意義，就像沒有竹節的竹子一樣。

截斷時，以九十度直角從橫面截斷，這是祈禱最重要的原則。不管時間長短，就算是五分鐘也好，半小時也罷，重點是毅然決然中斷生活的流程，不要把生活瑣碎帶進祈禱之中。祈禱即「死亡」，指的就是這個意思。

當然，就算你打算這麼做，生活的煩惱還是會鑽入祈禱之中，這是很自然的。人只要活著一天，就沒有辦法停止腦內思考的運作。然而，將生活瑣碎帶進祈禱之中，和祈禱時生活的煩惱溜了進來，是兩回事。前者是屬於個人意志的行為，後者則為不可抗力因素。

前者就算有罪，後者必然無罪。注意力不集中，屬於後者，要小心避免。此時，不集中的是「注意力」，而非「我」。但若是過分在意注意力是否集中，則會分散注意力，不集中的就不是「注意力」，而是「我」了。要儘量避免這樣的情形。不可因為「注意力不集中」而「分散注意力」。只要一想到注意力是有可能不集中的，就自然不會太在意集中與否這件事，心裡是平安的。

有一天，我在靜岡縣三島市的龍澤禪寺，和中川宋淵禪師[38]談話。

我問他：「打坐時，心中湧出妄想和煩惱，該怎麼辦才好呢？」禪師雙手交叉在膝上，動也不動地閉著雙眼答道：「那種事，要來就來吧，不要在意就好。」

祈禱時所出現的雜念，並不是指思考的內容本身是「雜」。無論再怎麼美好的事物，只要毫無規則次序地排列，就會失去光芒，變成「雜」的事物。反之，無論看起來再怎麼糟糕的事物，會因為擺放的位置不同而閃閃發光。

要知道，不管在祈禱之內或之外，所謂人類的思考，就素材上的性質來說，並

38. 中川宋淵（Sōen Nakagawa，1907-1984），昭和時代臨濟宗僧侶，亦以俳句歌人聞名。奧村神父高中時曾向中川禪師學習正法眼藏。

沒有什麼太大的不同。

如果我們以為，祈禱時只能想著崇高的天主，那麼，一旦腦中浮現出生活的困難和煩心的事，認為那就是「雜念」，必須努力把它們自心中趕走。如此一來，反而讓這些雜念益發增加，不但心裡疲倦，對祈禱失去自信，也會出現嫌惡感。就像失眠時，愈是想著睡吧睡吧，反而愈是清醒。只要人生在世一日，消除雜念這件事，便是個無法實現的商議。問題就在於，不是試著消除雜念，而是試著引導雜念，指出方向。只要雜念找到方向，很快就再也不是紛雜的念頭了。

舉例來說，祈禱時，我們想起對某個人的怨懟。憎恨是相反於愛德的，別說是雜念了，對祈禱來說可是致命的毒藥。不過，如果在這時，我們懊悔於自己無法去愛的悲慘，祈求天主賜予愛的能力，這致死的毒藥，非但不是雜念，反而成了天主的一帖良藥。正是因為，憎恨擺對了位置，而天主給了正確的方向。

雜念不是你想排除就可以排除的，不如就把它拿來做成竹節吧。生活中各樣紛雜的念頭流動在直立的竹子之中，把「阻斷的祈禱」橫擺進去，便成為竹節；製造竹節的原料跟外側的竹幹是一樣的。同樣的，製造出祈禱的竹節的原料，就是生活中那各式各樣的煩惱，就素材的本質來說，沒有什麼太大的不同，只是把方向從垂直的改為「水平」而已。如同隱於竹子之中的竹節，只要學會在天主之內沉澱煩惱憂慮，那麼，所有的雜念，也都會在天主之內成為朝向天主的正念。自然而然就沒有所謂的雜念了，這正是「阻斷的祈禱」的力量。

祈禱最最重要的事，就是務要明白「中斷」生活的水流；何況在這忙碌的現代生活之中，正因為很難做到更顯出其重要。有人說，一天二十四小時不夠用，如果有二十五小時，我會分配出一個小時祈禱。但是，我們不必說謊，也不能欺騙自己，若說真的一日有二十五小時的話，那個人肯定會說：「如果有二十六小時的話，我會……」。問題根本不在於時間的長短，這是對於祈禱有著根本上的謬誤認知。假如真想把二十四小時變成二十五小時，或二十六小時的話，反過來想，一天也可以只是二十三小時或二十小時。不管是一天有三十小時，五十小時，一百小時，或甚至是無限的時間，用來阻斷生活的這一小時或四小時，總之，因這些空白而產生的竹節，才真的能賦予時間價值。當然，在一年之中，並不是只要有一天這樣做就足夠了。只有一個竹節是沒有用的，按著一定間隔產生的竹節，象徵生活的每一天。而且越是靠近根部，竹節就越密集。若把一日的生活比喻成竹子來看的話，那麼就意味著，在一日之初的那些短間隔的竹節必定得相互重疊。在修道生活或祈禱的修行之初也是這樣，必須讓許多的竹節緊密集合在一塊。天主教修道生活的每日功課，通常有彌撒、日課、念禱這三大根本的竹節。除此之外，用餐或工作前後的祈禱，和好聖事，玫瑰經等等，可以製造出一定間隔的竹節。

但這時務必記得一點，並非把祈禱織就於生活之中，更不是在生活事項進行的同時平行祈禱。即使祈禱的形式和語言豐富多樣，但唯一共通的特性是，必須先中斷生活的流動，才能進行。務需時時切記，無論何種祈禱形式，都以要九十度角橫切生活。這是進行有形祈禱之前的首要基本心態。

「生活即祈禱」的無形祈禱才會由此依次產生。竹節那眼所未見的力量，作用於竹幹之上，成為即使暴風雨襲來也不會攔腰折斷的堅強竹子，正是「生活即祈禱」的最好比喻。

然而，就算竹節再怎麼重要，光靠竹節也無法成為竹子；竹幹就是人生的每日生活經營。相對於竹節讓竹子強壯，強壯的竹幹也能生出強有力的竹節。就算竹節橫切於竹子，但若腐爛或生病，根本起不了作用。竹節與竹幹是相輔相成，相互支持的。

在紮實地建好水庫的牆壁之後，必須儲滿水，成為一個深湖。生活的祈禱就是注入水庫裡的水。將每天的歡喜悲傷都獻給天主，成為雲朵，變成雨之後降落水庫，成為湖水。祈禱若無法活躍於生活之中，那麼，就算蓋起了水庫厚牆，也將會成為乾涸的湖；而竹子的節也將腐爛，出現空洞。如此，將變成空有形式的空虛祈禱，僅只遵守規範形式的偽信仰生活，虛偽的修道生活。

為了讓祈禱與生活、行動與默想成為一體，「有為」和「無為」，生活，中斷生活水流的祈禱，以及被比喻成水庫厚牆的第三種型態的祈禱——它是在辯證性的揚棄否定中所產生的第四種祈禱型態之根源，都是必要的。

試圖將行動與默想、祈禱和生活重疊的祈禱理論——即被比喻為水分的第一、第二種祈禱型態的祈禱，無法從根本上解決祈禱的問題。

從人類是由「心與身」這種「二者合而為一」的現實條件看來，如何在無形的祈禱和有形的祈禱之間，創造出具深度的協調性與一致性，正是祈禱應下工夫之處。

時間與時刻——共同祈禱——

「時間」與「時刻」這兩個字在日文裡，大多時候在使用上並沒有太過明確的區別。列車的「時間表」也可稱為「時刻表」。嚴格說來，「抵達時間」指的應該是「抵達時刻」。同樣，「時間到來」的正確說法應該是「時刻到來」，但在現代的日語使用上，「時間」一詞恐怕更為平常。就漢字的意思上來看，不消說，「時間」與「時刻」是全然不同的。

在哲學上，說到「空間與時間」的時候，「時間」一詞是無法以「時刻」替換的。在海德格著名的作品《存在與時間》的名稱上，也可看出同樣的情形。「時間」指的是「時與時之間」，意即在一個時刻與下一個時刻之間流動的時間，意味著「時間之流」、「線狀時間」。但是，「時」這種東西是「流動」的嗎？「流動」或線狀的「時」，即我們所說的「時間」，到底是什麼呢？

就常識上來說，我們活著卻未想過這個問題的內涵；然而事實上，在這問題之中，富有超過人性理智所能理解的深奧哲學意義。對於時間有過去，有現在，也有未來，我們從未起疑。但是，過去的時間已然逝去，未來的時間尚未到來，有的只是被稱為「現在」的時間。可嚴格來說，現在又是什麼呢？是不是名為「此刻」的一剎那？但，無論擁有如何迅速的思考之指，也無法捉住這所謂「剎那的此刻」。在想到「此刻」的那一瞬間，「此刻」已經過去。而且，如果沒有「現在」的話，時間將不存在。

因此，這也很矛盾。如此一來，點狀的「時刻」，嚴格來說也不過就是假設出來的東西。聖奧斯定在他的《懺悔錄》中，長篇論及「時間」之不可思議，關於時間他曾說過：「如果沒人問及，我知道是什麼，可是一旦被人問起，我就不知道了。」（聖奧斯定《懺悔錄》第十一卷第14章）

佛教亦然，他們說，過去心、現在心和未來心，此三心不可得。雖試圖藉此說明時間的空性（Śūnyatā），然而無論從哪一方向來看，在不可思議的時間面前，退屈於後的人類理性之限界相形見絀。

在此無意像這樣以哲學或形上學的方式來分析時間，但在思考祈禱的「身體性」

的時候，因為「時間與空間」的問題是本質上的要素，關於這個問題的背景，即「時間的神祕」上，僅以簡言述之。事實上，祈禱是人類以其全部的存在，身心全獻給天主的相互聯繫，若說人處於時間和空間之中，而天主是超越時間的存在；沒有什麼比祈禱更能絕妙深奧地區分「時間與空間」、「存在與時間」的思維。也就是說，祈禱之時，人在時間之內卻超越時間，存在於空間之內卻超越空間。總歸，身處於此塵世，卻不屬於塵世。無論哪種形式，在真正的祈禱之中，得以窺見死於此世、復又甦於此世的基督復活奧祕。

如此說來，「時間」與「空間」、「時」與「地」，如何活用於祈禱當中，對祈禱來說是個至關重要的問題。

於是，我們得回到「時間」與「時刻」這個主題。如果，這兩者同時是無法切割卻也可以區別的，那麼，若問這兩者應如何靈活運用祈禱之中，自然也會產生兩種形式。

一是「時間」，即將重點擺在「線狀時間」的祈禱形式，另一種則是「時刻」，即以運用「點狀時間」為基軸的祈禱形式。

論之前者的典型，如無名朝聖者的祈禱，或玫瑰經、唱名唸佛、道元禪師的「只管打坐」等方式。而中世紀的修道者的祈禱，也多屬於將「時間」最大化活用的祈禱。天主教會現在所誦唸的「時辰禮讚」或「教會日課」，乃承襲中世紀的傳統而來，分為晨禱、讚歌、三次日禱、晚禱、睡前禱，將一天分割為七次祈禱「時刻」的「時辰祈禱」（*Liturgia Horarum*）。

對於至今已然習慣一天有長達四、五小時之時辰禮讚的司鐸和修道人來說，新改訂的「教會日課」加入許多豐富內容，形式新鮮，就祈禱的量來說也很適中，著實令人喜悅。「祈禱越長越好。因為就質地上來說，長時間的祈禱是成為深刻祈禱的物理性條件」，所述諸祈禱的身體性價值，固然有其價值在，但在一天有限的生活時間中所分配到的祈禱時間，不可因分量之負荷過重而失去祈禱的品質。以往的「時辰禮讚」（*Officium Divinum*），和現行「教會日課」的構成，就意義上來看，無論何者都是同時運用「時刻」與「時間」的祈禱形式，說是「時辰祈禱」的完整詮釋亦不為過。過去被稱為「短縮祈禱」（*Breviarum*）[39]的祈禱形式，又或「教會日課」的正式名稱「時辰祈禱」，或直譯為「時辰典禮」（*Liturgia Horarum*），全都是同樣的意義。

不過，就廣義而言的「教會日課」，是以包含默想聖經的聖道禮儀在內的彌撒為中心，將「時辰祈禱」織佈其中，並加上成為個人血肉的「默想」或「念禱」。上述三者可稱為天主教會祈禱的三大樑柱。與其說是三大樑柱，其實只有一大根樑柱，即以彌撒聖祭做為中心軸，其他兩根為分柱。不過，這裡並未包含幾乎將「時刻」完全捨棄，只徹底運用「時間」的祈禱，於此同時，也沒有考慮到以「時

39. 作者註：法文中的「brevis」指的是「短的」、「縮短的」之意，「*Breviarum*」是「縮刷版」的意思。改訂以前，比現今通用版還要長上許多的「時辰禮讚」，已是在中世紀時更長版本的「縮刷版」。近十年來，陸續經歷了數次縮減，而變成現在的「教會日課」不過，也可以從中看見在時代的變化中所訴說出的祈禱時間問題，有恍然大悟之感。

刻」為基軸，將「時間」短縮到最小限度的祈禱形式。前者有「玫瑰經」或「射禱」（arrow prayer，極其短的禱詞），尚有類似的複誦小祈禱「天主臨在」，以及先前例舉的無名朝聖者的祈禱。如前所述，佛教中的持名唸佛及坐禪也呼應此種形式。而「中斷的祈禱」的意涵，則與活用「時刻」的祈禱意義相通。這裡所說的「中斷的祈禱」，即是之前章節裡談過的，藉「水庫之湖」及「竹節」來比喻的祈禱。非屬「時間的祈禱」，而是「時刻的祈禱」。

論及「時刻的祈禱」，在天主教會擁有悠久傳統的則以三鐘經為例，較之「時間」，三鐘經的祈禱運用的則是「時刻」。米勒[40]著名的畫作〈晚鐘〉[41]，描繪出在進行這個祈禱時的優美姿態。時至今日，非但已鮮少再聽聞三鐘經的鐘聲，更令人遺憾的是這樣的祈禱也愈見式微。三鐘經的祈禱簡明俐落，並且概要陳述了基督和瑪利亞的奧蹟。在這個特點上，復活節的「阿肋路亞祈禱」也相當值得推崇。不只是司鐸和修道者，所有的教友都被規勸應該要誦唸做為「時辰祈禱」的「教會日課」；不過，除了這個祈禱之外，若能在其他運用「時刻」的祈禱方式下工夫的話，能做到更廣泛而意義完全的「教會日課」。不只是重複著現代版「時辰祈禱」的「教會日課」，也不單單只是超迷你版的「時辰禮讚」，「時刻的祈禱」其發想的基準和上述兩者有著根本上的不同，其所期望達到的目標正是為此。以「時刻」為主的「時辰祈禱」，是不會有時間負擔，極簡短的祈禱，誰都可以在搭車時，在工作的

40. 米勒（Jean-François Millet，1814-1875），法國田園畫家，以寫實徹底描繪農村生活而聞名。
41. 台灣常見的譯法為〈晚禱〉。作品原名 *The Angelus*。

空檔，或在走路時誦唸，必須是輕鬆低吟的單純禱詞。目的不是為了讓祈禱變短，而是為了讓人無論身處何地，都能按照時刻祈禱，祈禱必須簡短好記。這個祈禱的唯一條件是，最大限度的「遵守時刻」。為此，必須在祈禱的形式和禱詞上下工夫。誰都做得到，何時何地都可以祈禱，創造出一定得祈禱的祈禱。唯有把這樣的方式訴諸於祈禱的基礎之上，爾後再把其他的祈禱繼續往上堆積，整個方能因此成為具有相應而生的一致性的祈禱。換言之，只要在「竹節」祈禱上下工夫，竹幹自然而然會因此而越來越強韌。

而且，「時刻的祈禱」對於培育祈禱的共同體意識是極為適切的。以同樣的禱詞，在同樣的時間點祈禱。這是做為「時辰祈禱」的「教會日課」的基本特色，而這個特色也會因為靈活運用做為點狀時間的「時刻」，而更加強化。也就是說，「教會日課」為無論何處何人都能誦唸來說，是有困難的，相對的，因為「時刻的祈禱」不僅簡短且好記，所以就算是撐傘走在雨中也好，打掃或洗盤子時也好，大家可以因為同一時刻祈禱而成為「祈禱之友」，漸漸地活在與基督同為一體的路上。在這個「時間祈禱」的意義之下，最理想的境界是，創造出無論基督徒或非基督徒，誰都可以上手的「人類祈禱」共同禱詞。人類應有的終極姿態，最終，只有在祈禱之中，同時也只有在祈禱的時候才能實現。特別是在身為一個基督徒的祈禱之中。

第十一章

神啊，真對不起！

不記得是什麼時候，《每日新聞》報名為「彩虹」的讀者專欄中，出現了一篇名為〈神啊，真對不起！〉的投稿，文章如下。

有一天，我那四歲大的小侄女來我家。因為我們家只有男孩子，這個小女孩的來到，讓那天就像忽有一朵花綻放般的愉快。家附近有座公園，所以我牽著她的手，帶她到公園玩。

……小侄女玩了好一會兒，我說回家吧！牽著她的手，橫越公園的廣場時，看到角落處供奉著一尊地藏王菩薩。小侄女定睛看到了，說：「我們去參拜一下吧。」那門是關著的，本來我想打算就這樣路過，但侄女的行為頓時讓我覺得羞愧。侄女用那小小的手打開門，雙手合十，看起來專心一意地祈禱著。我也跟著雙手合十默禱。「妳跟地藏王菩薩說了些什麼呢？」侄女睜著大大圓圓的眼睛說：「我跟神說，神啊，我沒有給祢帶些什麼來，真對不起。」

那一瞬間，我深受感動。因為我所想的全是祈求，要神「請給我這個，請為我做那個」。幸虧我沒有對那個向地藏王菩薩說著「對不起，我連一個橘子都沒為祢帶來」的小孩說，「妳要跟菩薩求，請讓我做個乖孩子」這些沒有必要的話。要是我真的那樣說了，就無法觸碰到那樣純潔的童心。

一想到這裡，我不禁緊緊地握住她的小手。

——松本節子

可以稱為孩子的崇高宗教性吧。這不是誇張，就連《聖經》中也說，「你們若不變成如同小孩一樣，你們決不能進入天國。」（《瑪竇福音》十八章3節）這裡說的，正是孩子們以如此純潔童心，用那大人們不知何時已然忘卻的純粹祈禱，喚醒了大人。

事實上，到目前為止，我們持續談到關於「阻斷的祈禱」，然而並不單單意味著，只要中斷生活的水流，創造出「祈禱的時刻」、「如水般的祈禱」。所謂「阻斷」，尚有一個認知是「斷絕自我」。不，更好說，這正是且必須是「阻斷的祈禱」的根基。當人雙手空空來到萬有的天主面前，說出「對不起，我沒有什麼可以獻給祢」，這種「無」（*nada*）的自覺，才可能讓人決意中斷日常生活的追尋。

被繁忙的生活追著跑，自認為正為人為己做些相對有用的工作時，很少會察覺到自己的空虛和悲慘。甚至充滿優越感和自卑感交錯的競爭心態，支配欲，對他人的批判，或自我防衛的意識；封閉在自己的幽暗洞穴裡，沒有注意到來回繞圈子的悲哀自己，在阿鼻地獄呼喊無間苦難中盤桓終日。

安東尼．聖修伯里[42]的《小王子》裡，來到地球的小王子這樣辛辣地諷刺說：

42. 安東尼．聖修伯里（Antoine de Saint-Exupery，1900-1944），法國著名小說家，著有《小王子》及《夜間飛行》等。

「人們搭著快車上路，但卻不知道自己在尋找的是什麼。他們到處匆匆忙忙，找刺激，轉來轉去……」

太宰治[43]在《人間失格》中說：「現在的我，稱不上幸福，也算不上不幸。只是一切都將就此流逝。過去我一直過得像身處地獄般的『人類』世界裡，這可能是唯一的真理。一切都將就此流逝。」

切斷生活之流的「阻斷的祈禱」，讓我們得以血肉之身體認，所有的一切終將會成為過去，這無常真實的內在樣貌。所謂「阻斷」生活之流，就是讓我們知道生活的空虛，並因此果斷與之訣別；因為只有自己才能承認能覺悟，人生真正的價值並不在於生活的汲汲營營。作家永井龍男[44]在寄刊於《朝日新聞》的〈冰冷的手〉一文中總結出以下的話。

「前些日子，四、五個朋友圍桌而坐。席間，僅僅小我五歲的友人，不知何時忽然開口說道：『都已經五十五歲了，還是沒有自信，真的很丟臉。』傾吐心事的是個同時有好幾個踏實穩健工作的人，讓我寒毛直豎。冰冷的手，像是碰觸到我拚了命隱藏起來的要害。」

只要是人，無論是誰，都有藏在內心深處難以痊癒的疼痛。《論語．為政第二》

43. 太宰治（Osamu Dazai，1909-1948），日本無賴派小說家。曾出版《富嶽百景》、《斜陽》及《人間失格》等作品，一九四八年自殺身亡。
44. 永井龍男（Nagai Tatsuo，1904-1990），日本小說家、隨筆家、編輯，一九八一年獲頒文化勳章。

中說：「五十而知天命」，或許只有中國的智者才有這種自信。就算同時有好幾個很棒的工作，尚且仍沒有自信，到底是對什麼沒有自信呢？當然不是針對工作而言，因為那人可是做過好些厲害的事。若是這樣，應該是對活著這件事，不，甚至是對存在一事；再繼續追問下去，或許是對於當下此時此刻身處的境地無法感到心滿意足吧。

誰都不例外，終會如花草般枯萎（參照《依撒意亞先知書》四十章6－8節；《聖詠》九十篇3－6、9、10節；《伯多祿前書》一章24節）。日本歌人鴨長明[44]在其隨筆之作《方丈記》中寫道：「河水川流不息，時刻幻變，不為同一流水。淤滯之處浮起水泡，且消且長，無一恆久遠。」人不過就是可有可無，多出來的東西罷了。這樣的人，和其所做所為，價值到底在哪裡，又有什麼意義呢？

因為害怕直視人間虛無的深淵，而急於找到逃往天主或基督的復活之道，是不可行的。復活的光榮，不可能沒有一絲被天主捨棄的絕望痛苦。人必須了解，正面接受自我深處的空虛，並且凝視這空虛。正因為痛苦，正因為接受事實，才有人類的救贖。

浸透於實際存在的人生中的這份虛無的體現，正是「阻斷的祈禱」的本質。讓人覺悟到，想要從生活的經營和自我行為中得到自信是錯謬的，也是「阻斷的祈禱」。是體驗到自我的無意義，一種自我斷絕的姿態。是站在沒有救贖之道的自我

45. 鴨長明（Kamo no Chōmei，1155-1216），日本平安時代末期至鎌倉時代初期的作家與詩人。

廢墟之中，唯有等待天主的祈禱。若沒有這樣的死亡黑暗，不可能會有與真正的天主相遇的默觀。「阻斷的祈禱」，讓我們能在活著的同時，以肉身理解，人類不管做還是不做些什麼，一切終究還是回到虛空。棄絕一切存在，在天主面前無可奉獻的自己，赤裸盡現，說著「對不起，我沒有什麼可以獻給祢」，讓這個「棄絕的祈禱」產生的，就是「阻斷的祈禱」。

因此，在「阻斷的祈禱」的深處，必定要有「棄絕的祈禱」和「棄絕的心」。就連「阻斷」是基於自己的決斷，而貫徹祈禱的修行，也都必須要先知道「被棄絕之物」本身是毫無價值的。不先棄絕自我，無法稱得上真正的中斷。鎮日坐禪之後能成為什麼？不間斷地唸玫瑰經又有什麼用呢？什·麼·也·沒·有。只有在明白這個道理之上的只管打坐，或玫瑰經祈禱，才能成為如佛所行的坐禪，成為天主作工的祈禱，而非人自身所行所為。

唯佛與佛，意即佛之悟境唯佛知之，同樣的，只有天主知道祂的旨意。人以一己之力想要明白天主的旨意，或成佛，或成神，都是不可能的。人唯一能做的，就是「等待天主」，而這顆「等待的心」尚且來自天主。真正的祈禱是，只有一顆等待的心，等著天主賜下祂自己。忘卻天主以外的一切，天主將垂顧那唯獨等待天主的赤貧靈魂。

因為你既然不喜悅祭獻，
我獻全燔祭，你也不喜歡。
天主，我的祭獻就是這痛悔的精神，
天主，你不輕看痛悔和謙卑的赤心。
——《聖詠》五十一篇18－19節

能光榮天主的，既不是傲然立於聖殿前的法利塞人所獻上的祭品，也不是完全遵守律法的生活。那遠離聖殿站著的稅吏，連舉目望天都不敢，單單捶打著自己的胸膛說：「天主，可憐我這個罪人吧！」他正是那明白天主的正義和仁慈的人。（參閱《路加福音》十八章9－14節）。

說起來，到目前為止提到的「阻斷的祈禱」，必定是和痛悔罪業深重的「棄絕的祈禱」互為表裡的。一旦處於阻斷生活之流的沉默與孤獨之中，就一定會對自己罪大惡極的慘況，感到深刻的愧疚。

夜深人靜獨坐觀心；
始知妄窮而真獨露，每於此中得大機趣；
既覺真現而妄難逃，又於此中得大慚忸。
——《菜根譚》九[46]

46. 《菜根譚》，明末清初的中國儒家洪應明（1568-1644）著。白話意譯：「靜靜的夜間，觀看自己的內心；所有的幻覺消失不見，獨留真理於我心內，如此的自知之明，我確然瞭悟，不能避免幻覺，但我滿懷痛悔。」

靜寂的默觀並非高舉自己，而是滿懷無比慚愧之心，毫不掩飾地正面直視那些從來不忍直視的自我悲慘。祈求那些難以被赦免的罪得到寬恕，祈求難以被救贖的自己得到天主的仁慈，「棄絕的祈禱」藉著「阻斷的祈禱」，如潰堤之水般，持續不斷地湧出。這應能稱為「堅持棄絕，祈禱不輟」吧。

第十二章
月亮上的兔子

在讀完〈神啊，真對不起！〉那篇文章之後，我腦海中浮現的是〈月亮上的兔子〉這個民間故事。雖然在太空人阿姆斯壯已踏上月球的這個年代，孩子們都已不再認真思考月亮上是否有兔子；不過，在滿盈的月球表面浮現的黑影，就是兔子以椿敲打年糕的模樣，流傳至今，對日本人來說是很令人懷念的傳說。其他的國家也有各式各樣的說法，寄託想像於月影之中，我也聽說過，那黑影是個正在讀書的女人。雖說不管哪個說法都是編造出來的，然而，這或許是因為在前人看待自然事物的眼光之中有夢想的關係吧。

即便如此，我之所以會在此想起「月亮上的兔子」這個故事，是因為想起良寬㊼的長歌。此長歌有兩個版本，一則以長長的開頭為始，寫著「這是在佛陀誕生的國家所發生的事情」，因而被認為是發生在印度的事。另一則是以「石上鄉里神代發生之事」簡潔開場，說明這是日本神話時代的故事。其他雖有二三相異之處，但內容概要大致如下：

> 很久很久以前，一隻猴子、一隻兔子和一隻狐狸住在一起，牠們感情很好。白天在山間奔跑玩耍，夜裡一起回到森林，持續過了幾年這樣的生活。上天之主耳聞這事，便想去看看是否真有此事。於是，祂裝扮成一旅行者（另有版本為老者），到牠們那裡去。

47. 良寬禪師（Ryōkan，1758-1831），江戶時代後期曹洞宗僧侶，亦是歌人、書法家，作品多讚頌自然之美。

「我路過許多高山和深谷，非常疲憊，你們能否給我一點吃的？」他說著，便放下手杖在一旁休息。猴子一聽，立刻跑去採收一些堅果來給他；狐狸則從河邊漁梁之處抓來一些魚給他。但是，兔子在田野裡繞了一圈四處尋找，卻空手而回。因此，猴子和狐狸取笑牠說：「你真是沒用又輕浮的傢伙。」

小兔子灰心極了，左思右想之後，請猴子為牠砍一些柴來，又請狐狸點火燒柴。牠們都照著做了。兔子對旅人說：「請你把我吃掉。」語畢，以自己為獻給旅人的祭品，縱身跳入火中。

旅人見此狀，痛徹心扉，仰天哭泣，捶打著地面說道：「你們每位都值得誇讚，沒有輸贏。不過，兔子的愛情是特別的。」於是，他恢復兔子的原貌，抱著牠的遺骸回到天上，埋葬在月亮的皇宮裡。

流傳至今的「月亮上的兔子」，原來有過這樣的經緯。然而，光是聽到這個故事就讓人禁不住淚流滿面，哭到連衣袖都溼透了。

而在這個故事的第二個版本裡，良寬加進了這首短歌。

可憐此身以獻翁　今時聽聞仍動容

——良寬〈讀月之兔〉

就像良寬這童心無瑕的文章一樣，虛構的世界與現實混在一起，人們的夢想鑲進民間故事裡，就現實來說是極為罕見的事，卻還是充滿痛楚的美麗。說出「神啊，對不起，我沒有什麼可以獻給祢」的那個小女孩的心，正如那隻月亮上的兔子一樣。無論以怎樣的形式呈現，真正的祈禱其最後的終點，難道不是就在那裡嗎？

無論奉獻什麼給天主，在天主面前一切都不算什麼。而且，所有的美好和一切完善，都是從沒有變化或轉動的陰影的光明之父而來（《雅各伯書》一章17節），我既無可奉獻也無所給予。

天主說：「我並不因你的祭獻而責備你，因為我面前常有你的全燔祭。」（《聖詠》五十篇8節），又說：「天空中的一切飛鳥，我都認識，田野間的所有動物，我全知悉。……因宇宙和其中一切盡屬我有。」（《聖詠》五十篇10－13節），能光榮天主的，並不是我們獻上的祭品，而是「奉獻頌謝」和「在困厄的時日呼號我」（《聖詠》五十篇14－15節）。對天主的讚美和信賴，正是天主所喜悅的，「我的祭獻就是這痛悔的精神。」（《聖詠》五十一篇19節）

無論想要奉獻些什麼，人類所能做的事，說到底也只不過就像朝著天空丟去的石頭，最後還是會回到地面。無論石頭飛得多高多遠，終究要落地。那些在歷史上輝煌燦爛，偉大的人們所擁有的功績和名聲，不用等到人類終結、地球滅亡那日來臨，早就消逝無蹤了不是？「天地要過去，但是，我的話決不會過去。」（《瑪竇福音》廿四章35節）

然而，那些在天地萬物俱滅之後，依然恆久存留的「我的話」是什麼呢？「信從我的，即便死了，仍要活著，凡活著而信我的人，必永遠不死。」（《若望福音》十一章25－26節），在這裡說的「我」，究竟是誰？而只要相信這個謎樣的「我」，就會賜下戰勝死亡的力量，又意味著什麼呢？要找出連結這三個問題的答案，很難。不管怎樣，祈禱可以說是相信這個謎樣的「我」，並藉著遵行「我的話」，在天主之內找到永生的力量。

「犧牲與素祭，已非你所要，卻給我預備了一個身體。」（《希伯來人書》十章5節。參照《聖詠》四十篇7節）。在此所說的「給我預備了一個身體」，是譯自七十賢士希臘譯本，不過在希伯來文的《聖詠》中寫的是「在我的耳垂上穿了一個洞」。取了血肉之軀來到人間的基督，如同一個耳垂被穿洞的奴隸，唯以「承行父的旨意和完成父的工程」為其食糧。「關於我，書卷上已有記載：天主！我來為承行你的旨意。」（《希伯來人書》十章7節；《聖詠》四十篇8、9節），「我們就是因天主的旨意，藉耶穌基督的身體，一次而為永遠的祭獻，得到聖化。」（《希

伯來人書》十章10節）

降生與苦難的奧蹟，基督徒的祈禱都總結於「阿們」之中。「天主子耶穌基督，並不是『是』而又『非』的，在祂只有一個『是』。因為天主的一切恩許，在祂內都成了『是』，為此也藉著祂，我們才答應『阿們』。」（《格林多人後書》一章19、20節）

以月亮上的兔子來類比基督，似乎有點天差地別。遙遠東方的古人在夢中描繪的，那些人類無法實現的願望，在天主都成為可能；由此可見，所有人類的心中，都有著「你們的生命已與基督一同藏在天主內了。」（《哥羅森人書》三章3節）的深深渴慕。

生在東方孤島上的小女孩，對著地藏王菩薩，虔心雙手合十祈禱著：「神啊，對不起，我沒有什麼可以獻給祢」，在她的心底，難道不是含藏了那和月亮上的兔子一樣，只能以自己的身體為祭獻的赤貧天主、耶穌基督的生命嗎？

就算因為我是個基督徒，而必須避免自掃門前雪的自我中心解釋，但能夠確定的是，在清楚知道人類其實一無所有的真實祈禱之中，確實包含了那透過天主的完全貧窮而顯現，屬於天主的無窮富裕。若非如此，大人不會被小女孩的話「瞬間重重敲打在心田上」，而良寬那「聞之淚流滿面，溼透白色衣襟」、「今時聽聞仍動容」的眼淚，也就不可能存在了吧。

Shuming

第十三章

如果祢願意

「如果祢願意，我想加入修會」、「如果祢願意，事情應該會成吧」、「你要祈禱，願天主幫助你明白祂的旨意」……類似這樣的話，在基督徒之間時有所聞。

就神學觀點來看，這的確是正確的祈禱方法。因為基督一生之道是承行天主的聖意（《若望福音》四章34節），所以基督徒的祈禱也必須像基督一樣，持續祈求「爾旨承行」。就連在赴死前的那個晚上，基督在革責瑪尼莊園時的祈禱也是：「父啊！祢如果願意，請給我免去這杯吧！但不要隨我的意願，惟照祢的意願成就於我吧！」（《路加福音》廿二章42節，《瑪竇福音》廿六章39節）[48]

而當要說明，何以我們的祈禱應當模倣基督，說「如果祢願意的話…」時，總覺得好像少了點應該是屬於祈禱的核心思想的什麼東西。當然，這裡說的不是基督，而是指我們祈禱時的事，不可將基督的祈禱與身為基督徒的我們的祈禱混為一談。無論在什麼場合，當我們說，基督是基督徒的典範時，必須明白若以哲學上的語言來說，這是類比（*analogia*）。所謂類比，指的是「相似性與相異性的共存」。而基督與基督徒的相似性與相異性之間張力十足的關係，說是類比的極致也不為過。

基督與我們一樣都是天主之子，在這點的相似性上，擁有幾乎可說是同一性的近似值。因此，以神學說明「親生子基督與養子基督」之間的區別時，多會標註但書。另一方面，亦是天主的基督和罪人我等之間，有著任誰也難以跨越的無限距離深淵。我們必須在無限的差異和令人驚訝的相似性這兩極之間，認清基督

48　作者註：《馬爾谷福音》裡所記載的耶穌的祈禱，有些許不同。「阿爸！父啊！一切為祢都可能：請給我免去這杯罷！但是，不要照我所願意的，而要照祢所願意的。」（《馬爾谷福音》十四章36節）
這段祈禱中，更明確地顯示出我想要在這裡提出的祈禱核心本質。聖史馬爾谷記錄下的這段基督的話，看起來應是最接近的。這個肯定的答案，從祈禱的神學研究中所得出的結論，但若也能從聖經研究學來確認的話就更好了。

的祈禱和我們的祈禱所擁有的相異與相似。也就是說，基督在革責瑪尼的祈禱，「如果祢願意」、「照祢的意願」，與其說是我們的模範，更重要的是，我們必須從中看到基督的奧祕，那遠遠超越我們對基督原有的理解。祂原是天主，為何要說「祢如果願意，請給我免去這杯」？這個奧祕，因著十字架上那對死亡的苦悶憂煩而達到最高峰。

「我的天主，我的天主，祢為什麼捨棄了我？」（《瑪竇福音》廿七章46節；《馬爾谷福音》十五章34節）這不是絕望的語言，而是信賴的表達；或是《聖詠》廿二篇第2節的預言實現，又或其他種種的說明，都是針對基督在十字架上的這段話。然而，這並不是件應當被拿來說明的事，而是應該要接受的事。在沉默之中，和站在十字架下的瑪利亞一起（《若望福音》十九章25節），接受基督的死亡是奧蹟；並且，應當凝神觀靜，我們生命的所有以及死亡，都是接受救贖的奧蹟。基督在革責瑪尼的祈禱——「如果祢願意」、「照祢的意願」，也蘊藏在降生和救贖這無可忖度的奧祕裡。我們從中看到的是足以為吾人效法的祈禱典範，雖說虔敬，但是在這奧祕前，也只不過是再膚淺不過的詮釋。

那我們到底應該如何祈禱呢？不能說「如果祢願意」嗎？

祈禱，當然就是不違逆天主的意志和希望，且不試著去改變它。祈禱是以天主的希望為希望，藉著祈禱而改變的不是天主，而是我們。（參照本書第二章〈祈禱

的弔詭〉）。況且，若沒有天父的許可，連麻雀的一根羽毛、你們的一寸頭髮都不會掉。（《瑪竇福音》十章29－30節）

如上所述，若我們只渴望天主的旨意，也只能承行天主的旨意，那麼加上「如果祢願意」這句話，難道不是畫蛇添足嗎？不過，人可能還會再加一句：「因為祢的旨意是未知的，所以，以『如果祢願意』來祈禱才是正確的。」這個聽起來煞有其事的理由根本不是理由。不知道的事，承認不知道就好。不，是不得不這麼做。試圖舉足踏入未知的天主神國境內，是個錯誤。「如果祢願意」這句話說的，或許不是指越界舉足踏入，而是藉著探測未知的天主旨意，將腳跨上天主神國的門檻。

光靠著「只有天主知道」，為什麼還無法滿全呢？如果不明白的話，許願也好，扣門探問也行；如果不能實現，那就算了。天主比我們更清楚知道，對我們來說到底什麼才是必要的。只要這樣相信，就算祈禱的事無法實現，也能坦率地接受。而且，即使祈禱的事無法實現，也不代表我們許的願、探問的事就是錯的；那並不表示我們祈禱的是違背天主旨意的事。

祈禱本身不是壞事，然而就算是好事，也有不被垂聽的時候。曾經有位母親，在病床前歇盡心力祈求著「請救救我的愛子」，但她的願望終究落空，孩子被接回天國。就算醫生已然宣告孩子僅餘數小時的生命，母親還是不放棄，自始至終不斷地祈求奇蹟出現。如果，這位母親在祈禱時不說「如果祢願意，請救救我的孩子」，是否就是個無信之人呢？還是說，祈求說「若祢不願意，那就請祢拿走這孩子的生命吧」，才是正確的祈禱呢？我不這麼認為。「請救救他！」母親那單單只求這一件事的誠心，無疑正是真實的祈禱。天主難道會在這個時候，責備這個祈求違背祂旨意的母親嗎？天主不會這樣做的。天主所希望的是，就算知道不會實現也要持續不斷祈求，持續祈禱著，在對天主的全心信賴中燃燒到最後。這就是此時此刻，天主的旨意。母親拚了命的祈禱沒能實現，她的孩子死去，這件事亦隱含在基督於革責瑪尼的苦悶祈禱之中。祈禱不是預知天主的旨意。確實，在獲得恩寵前要先有渴望，天主通常會在祈禱之中這樣動工；藉此，吸引人歸向天主。然而，讓你渴望卻不賜予，在天主這樣的旨意之中，其實蘊含著十字架的奧祕。

祈禱是一無所有之人的嘆息和傾訴，像雜草一樣，不管被踐踏過多少次，依然昂首，向天主不屈不撓地祈求。如紮根於淤泥之中卻仍綻放的蓮花般，基督的祈禱也紮根在那些窮人、弱小者和受迫害的人的痛苦中。

> 天主，求你側耳傾聽我的祈禱，求你不要迴避我的哀告。
> 求你俯視我，並垂允我，我痛苦憂傷，嘆息悲號：

但我卻要呼號天主，上主必定予我救助。
不論在黃昏在清晨或在中午，
我哀聲悲嘆，祂必聽我的苦訴。
——《聖詠》五十五篇2－3節，17－18節

上主，我在向你呼號；
我的磐石，不要置若罔聞；
你若對我沉默不語，我便無異向陰府裏沉淪。
當我朝著你的聖所向你呼號，高舉我手時，
請俯聽我的哀禱！
——《聖詠》廿八篇1－2節

上主我由深淵向你呼號，
我主，求你俯聽我的呼號，
求你側耳俯聽我的哀禱！
——《聖詠》一三〇篇1－2節

說是「阻斷的祈禱」，更好說是「棄絕的祈禱」，在絕望深淵之人不停呼喚的「無止盡的祈禱」，和冥想或默觀的高度相去甚遠；單單只是祈求，只知道傾訴痛苦的一無所有之人，他們的祈禱如是存在。和那些甫出生，連眼睛都還沒有張開，就挪動著身體，彼此交疊著，探求著母親乳房的小狗一樣。《聖詠》的作者也這樣寫道：「好像牝鹿渴慕溪水」（《聖詠》四十二篇2節），「有如一塊乾旱涸竭的無水田地」（《聖詠》六十三篇2節）。

祈禱若是全心全意地渴求天主的救贖，全然相信天主，是不會有餘裕出現「如果祢願意」這種話的。類似「如果祢願意，主啊，請垂聽我的祈禱吧！」這種句子，從未出現在聖詠之中。以「如果祢願意」來祈禱，在神學上是正確無誤的。然而，這是神學，而不是祈禱。渴求是好的，非得敲門扣問不可，甚至要敲門敲到雙手流血為止。就算天主不打算賜予，也要恬不知恥地切求，持續不斷地敲門，直到天主出現為止。（參照《路加福音》十一章5－13節）

「你們祈禱，不論求什麼，只要你們相信必得，必給你們成就。」（《馬爾谷福音》十一章24節）；「即便你們對這座山說：起來，投到海中！也必要實現。」（《瑪竇福音》廿一章21節）基督這些充滿活潑信德的祈禱之中，哪裡看得出「如果祢願意」這種話的膽怯呢？癩病人說：「你若願意，就能潔淨我。」（《瑪竇福音》八章1－3節），百夫長也說：「你只要說一句話，我的僕人就會好的。」（《瑪竇福音》八章8節），如果缺少這樣的確信，不可能會有上徹雲霄直達天主的祈禱。

因為揣測著一旦祈禱無法蒙應允時，把加上了「如果祢願意」這種條件式的祈禱，當成自己的逃生門，天主的緊急出口，根本連祈禱的「祈」字都沾不上邊。

事實上，追根究柢，除了天主，根本沒有任何人能得知天主的旨意為何。對我們而言，重要的不在於猜測忖度天主的旨意，而在全心信賴祂的旨意。更不在於預先得知祂的意志，而在於時常相信祂意志裡懷有的愛。在人生中發生的許多意外裡，也有些悲慘的遭遇，根本讓人無法相信這會是天主的愛。然而，特別是在那樣的時刻，按照所承受黑暗陰影的程度，信德也相對地更加確實存在。

「那些沒有看見而相信的，才是有福的！」（《若望福音》廿章29節）這裡說的，才是祈禱的本質。只有天主知道什麼為我們最好，我們只要明白這件事就足夠了。的確，只要相信這件事，就足以成為救恩的盾牌，救贖的磐石。對相信「上主賜的，上主收回」（《約伯傳》一章21節）的祈禱而言，神學家那「如果祢願意」護身盾牌，唬弄人心，虛張聲勢，絲毫沒有任何用處。全然棄絕自己的祈禱，會讓自己的願望從棄絕的死亡灰燼中振翅飛出，成為天主的鳳凰。

Shu-ming

第十四章 基督的祈禱

祈禱太常被人看成天主與我之間，關起門來的小世界裡的事。極端一點，會和天主與我之間的利害關係連結在一起，甚至淪落為奉獻金或貢品，和有求必應的靈驗之間的有價交易。柏拉圖《對話錄》的〈尤西弗羅篇〉中，蘇格拉底為使尤西弗羅（Euthyphro）暴露出其宗教觀有多麼粗野、不純粹，於是追問：「這麼說來，犧牲對神來說就是禮物，而祈禱就是向神索求？」結果，尤西弗羅回答：「祈禱不過就是眾神與人類之間的一種交易手段罷了。」

就算祈禱不會淪落至此地步，但光是祈禱中能得到的甜美安慰，就足以成為祈禱之心的誘惑，而如果祈禱只是為了追求這份甜美，那麼，祈禱的中心軸便在不知不覺間從天主身上移到人身上來。

配合著太鼓的節奏吟誦《法華經》，品嚐到一種恍惚之中的法喜，或在禪堂的寂靜中感受到無限的醍醐味，或享受著修院的深度念禱默觀，或在聖神同禱的祈禱集會裡，心神雀躍在充滿恩寵的喜樂之中；然而，就算真的是這樣，如果祈禱只是為追求上述這些甜美的宗教體驗，或者神祕性的體驗，那麼，這類的祈禱被冷酷地批判成精神上的娛樂，只能說，雖不中亦不遠矣。

聖十字若望說：「有些人因為缺少靈性的慰藉，或感受不到甜美，所以認為天主遠離了自己；反之，當又再次感受到慰藉和甜美時，便又以為找到了天主。真的非常愚蠢。」甚至，他還斷言道：「在靈修中的許多人，若有其事地說『更加遵循念禱，更舉心獻給上主』，這些藉口的根源，不過就是喜歡祈禱中所感受到的快慰。與其說是念禱，更好說是散心。比起天主所悅樂的事，這樣的人們所追求的先是自己的喜好。」㊾

祈禱的根底應該有的，並不是追尋心靈的寂靜，也不在於享受天主臨在的感覺。比起這些，先該有的是在超越一切的天主面前屈膝跪下的謙卑。如前所述，這個天主不單單只是超越一切，更是與我們之間有著無限「懸殊距離」的超絕之神；人間的一切於祂有如踩過螻蟻，卻從未違反正義也不違悖愛情。人們既認識到這個天主的可畏超絕，却又能向這位超絕之神呼喊著「阿爸，父啊！」，和天主之間有著令人驚異的親密關係。祈禱的本質就蘊藏在這詭異的弔詭（**Paradox**）之中。

屈膝跪下。為什麼？正是因為超絕無限的天主，此刻站在人的面前。

屈膝跪下。為什麼？因為人們藉著跪下，被包圍在天主超絕的聖愛內。祈禱，與其說是在此祈求天主，或在我們心中找到天主，更好說是在天主之內找到自己。誠然，在祈禱裡，「如今你們認識了天主，更好說為天主所認識。」（《迦拉達人書》四章9節）

像這樣的祈禱，首先是立於天主的超絕性面前，自覺人類的「空無」，「人類的復活」無非就是因著「自我的死亡」，找到在天主之內復活的真實自我。這正是，將那個在十字架上的人耶穌基督，和閃耀在天主光榮之中的復活基督連結起來的空

49.　《聖十字若望書信》#13，寫給一位在西班牙塞戈維亞（Segovia）的赤足加爾默羅會士，1589 年 4 月 14 日。

前絕後的事實，所要傳達給我們的事。

在祈禱裡有的，首先是接受死亡及黑暗的存在，也有因著接受死亡而來的復活。真正跨越了我們與這位超絕的天主之間的無限距離，從自我自身出發，進一步吸引天主來到自己身邊的，無非就是那在天主面前屈膝下跪的「自我空無的自覺」，以及從那個自我的廢墟之中萌生的愛情。

祈禱是，無論登上多麼高的山或墜落如何低谷，體悟到最終這一切仍將被無限的虛空給包圍，這不過是漣漪般的起伏；從謙虛的自覺出發，知道自己只是沒有盡頭的宇宙中的一個小黑點。

東方的賢哲登上超脫塵世的高山，享受清澄空氣，世間的喧囂不過是夏蟬鳴如雨，僅僅只是沉浸於靜寂的法喜之中已無法滿足，他們知道在自己的頭上尚有一片沒有盡頭的天空；甚至，他們應該也覺悟到，就連這個無限的宇宙，也只是個在天主彈指之間，頃刻化為虛無的存在。[50]

這個悠久的宇宙，天主尚且「有如衣服更換，都要新陳代謝」（《聖詠》一〇二篇27節），我們在天主面前屈膝下跪，更是祈禱之心的呈現。而且，正是在這樣的心思之中，產生如哥白尼革命般的大轉變，將生活的中心軸由人類本位，轉向為天主本位。在「求祢賞給我們日用的食糧」之前，首要祈求的是「願祢的國來臨，願祢的旨意奉行在人間，如同在天上。」意即，所有的祈禱都要從祈求「成為天主

50. 作者註：法國思想家安德烈・馬侯（André Malraux，1901-1976），初次到訪日本，參觀鎌倉的臨濟宗円覺寺時，報紙曾做過以下報導。報載：「安德烈・馬侯在步下久經磨損的石梯時，喃喃自語著，『這裡有高深的靈修，但沒有神聖的事物。』……」一語可見馬侯銳利的直覺，透澈洞悉禪的本質。

所要的」開始。

如此一來，在這樣的祈禱之中，當人也「成為天主所要的」的時候，便開啟了祈禱的新視野。單單尋求天主，想要將一切全然獻給天主，如今，藉著天主，這一切將成為為了其他人的好處而存在，天主所賞賜的恩寵。如果天主不是單屬於一個人，而是所有人的天主，那麼，那些成為天主所擁有的一切事物，也同樣屬於所有人。祈禱的上昇線在此畫成一條堅固的，往人間地上的下降線。瑣羅亞斯德[51]隱居高山後，復又回到人間傳教；上求菩提悟道的佛陀，後來成為渡化眾生的菩薩。「唯獨天主」這句話意味著，「只在天主之內看見萬物」。森羅萬象，就算一枝草一點露，都能從中看到天主的微笑。不是要我們忘記人們，只記得天主，而是為使人得救，唯有在天主之內才能尋得救恩。

若有人只因憤世嫉俗，對人際交往感到沉重，或缺乏社交性，而選擇在孤獨的修院生活中尋求天主；那麼，在那裡所存在的除了灰暗的空虛之外，別無他物。當然，也許天主仍能善用人的軟弱，做為引導人的工具；但若只停留於此，默觀生活對此人來說，無非如同萎縮在利己主義裡的自己所堅守的碉堡。然而，真正的默觀者則不然，他們必須是生活在人間最大極限的愛情裡的人。如同法國小說家喬治．貝爾納諾斯在其作品《鄉村神父日記》[52]所言：「無論身處如何離世深遠的修道院之中，也絕對不可忘記兄弟之誼。」對天主和人的愛情與日俱進，持續不斷地為兄

51. 瑣羅亞斯德，（Zoroaster，生年不詳，卒於西元前五八三年），古波斯祆教的始祖，西元前六世紀，伊朗預言家和以他的名字命名的古代帕爾西人的宗教的創始人。他得到大神阿呼拉．瑪茲達的啟發，引導他宣講反多神論的教義。只有《波斯古經》（*Avesta*）最早的章節提到瑣羅亞斯德這個歷史人物。他是一群首領的核心人物，曾為建立一個神聖的農業國，進行一場反對圖蘭和吠陀侵略者的鬥爭。

52. 喬治．貝爾納諾斯（Georges Bernanos，1888 ～ 1948），法國小說家、評論家。這話出自其一九三六年的作品《鄉村神父日記》（*Journal dún cuŕe de campagne*）。另一著作一九八七年曾改編為同名電影《惡魔天空下》。

弟祈禱的人，才是真正的默觀者。如果我們說，默觀生活是面對天主，而使徒傳教生活則是獻身愛近人，將沒有比這更容易招致誤解的定義。不論是在默觀生活中，或在使徒性的活動裡，當中僅存在一個事實，那就是「天主的愛」。不同之處只在於，育成天主之愛的方法，以及當天主的愛滿溢而出時的具體形象。

默觀生活是，專注於凝視天主的超越性，使徒工作則尋找著在天主之愛的內在性；默觀生活是，在眼所未見的愛的世界裡，每一天都憑著祈禱的雙翅，悄悄飛向那些悲傷和煩惱的人的枕邊；使徒工作則是，就算面對已然疲憊的身軀，也鞭策自己強打精神，試著讓別人能離開悲傷和煩惱。若說我們只能在山間靜寂之中才能愛天主，是很可笑的事；那麼，主張除非置身街市喧擾，俗塵環繞中，否則無法愛我們的近人，同樣也很愚蠢。我們不必為了彼此相愛而同住一個屋簷下，或吃同一鍋飯。事實上，屢屢可見的是，那愛的悲慘廢墟就在同屋居住的人當中，而同桌共食的人之間往往招來曠野中的暴風雨。然而，也有些人，從未謀面，各在天涯海角，反而在愛中連結起此生最美的情誼。愛的聖神會按照祂自己的希望，不知從何而來，也不知往何處去。

無論如何，想要將一切全然獻給天主，這種祈禱的新視野，已然超越人類次元所擁有的多樣性，所有的所有，都藉著天主合而為「一」，以人類的祈禱方式呈現出超越個人性的祈禱。此時，祈禱已不再只是我與天主之間的私事，因為祈禱已成為人類回應天主，真實存在的志向性決定。

若說那些聲稱不愛朋友但愛天主的人說的是謊言，那麼同樣，不為朋友祈禱，不，甚至是不為能與朋友合一而祈禱，光為自己與天主合一而祈禱的，也是撒謊的祈禱。這樣的祈禱本身不過就是自我矛盾。

耶穌受難之前最後的祈禱，正是祈求著「使他們合而為一」。《若望福音》十七章中，這句話重覆了五次之多：「使他們合而為一，正如我們一樣。」（《若望福音》十七章11節）。

榮福聖三內，天主絕對的唯一性，如今以與我們人類合而為一的最高姿態，顯示出來。恰如耶穌早就對著我們呼籲著、切願著的一樣，在耶穌受難後，跟隨他的門徒們之間淒慘的分裂和對立，祂祈禱著：「願眾人都合而為一，父啊！願他們在我們內合而為一，就如祢在我內，我在祢內。」（《若望福音》十七章21節）耶穌藉著這段話更進一步地，由天主本性中的絕對唯一性為始，將我們眾人合而為一的典型和三位一體的關係連結起來。聖子不能沒有聖父，聖父亦不能沒有聖子，結合聖父和聖子兩個位格的愛，其一致性正顯示出我們與祂合一的應有姿態。這是耶穌苦口婆心，重複訴說祈求著愛的一致性時，第二次出現的祈禱文。

繼之，「他們也在我們之內完全合而為一」，以及天主聖三以其本性的合一，位格之間無可切斷的愛的連繫，不只為我們顯示出尋求合一之愛的理想典型，也把那個合一的「理想源頭之處」，賞賜給我們。不僅如此，基督對於合一的理由直截了當地加以說明，祂說是「為叫世界相信是你派遣了我」。因此，如果世人不信基督，難道不正是因為我們沒有因為基督的愛、兄弟之情而結合為一嗎？之所以有人不相信基督，與其說這些不信者有罪，倒不如自問，難道不是我們未能將「基督是天主派遣而來的」這個訊息傳達給世人，彼此缺乏愛的合一所造成的嗎？應當被責備追究的，或許不是那些不信的人，而是身為教友的我們。

「我給你們一條新命令，你們該彼此相親相愛；如同我愛了你們，你們也該照樣彼此相愛。如果你們之間彼此相親相愛，世人因此就可認出你們是我的門徒。」

（《若望福音》十三章34－35節）

當我們無法彼此相愛時，我們就不再是基督的門徒，人們也不能在我們身上發現基督的面容。我無意在此指責現今的基督宗教教會的現狀，因為，所有的人，無論是教會內的或教會外的，每天都能切身感受，愛是多麼的不容易，那些無能為力的痛苦，毋需復加贅述。

人說「我不能愛」，並不等於人「不渴望愛」。當人渴望愛，卻覺得不能愛時，是愛的最大悲痛。杜斯妥也夫斯基在作品《未成年》中寫道：「『愛你的近人』是不可能的。我們該當學會的，其實應該是輕視別人，即使他們是善良的人。」這種對「無法去愛的煩惱」所產生的激烈反動，後來到了沙特，甚至喊出「地獄！對我來說就是他人。」這樣的話。對我們而言，與其說近人是足以成為安慰或鼓勵的兄弟姊妹，不如說是對我們的一舉一動都以冷眼相待、批判，甚至使人不悅地加以干涉，理應避之唯恐不及的敵人。這種悲慘，基督比誰都清楚。而這樣的悲慘，毫無疑問地，誰都明白，不只是那些詛咒基督的人們，就連那些深愛基督、相信基督的人們也不例外。

「使他們享見祢所賜給我的光榮」所說的合一之愛的光輝，在基督死後傳承延續了數十個世紀。藉著基督所賜給我們永遠的光榮，實實在在，在人間無可被全然抹殺。然而，在這樣的光榮之中，天主之子耶穌基督被應當是兄弟的基督徒們，塗以汙泥，吐以唾沫。時至今日，那光榮仍在人間的悲慘之中，不，甚至仍被覆裹在那為了救贖這份悲慘而戰，從十字架上傾流而下的黑色血液之中。

基督又再說了一次「為叫他們合而為一，就如我們原為一體一樣」，直到最後，祂還是說：「我在他們內，你在我內，使他們完全合而為一。」（《若望福音》十七章23節），藉著「完全」這個詞，連結起基督前後的祈禱。

如今，基督不只在天主內，祂是在「我們內」，「與我們同在」，直至分裂和對立的悲慘境地中依然臨在的天主。永恆的天主，其永恆的住所，就安居在這個人間。「永恆的聖言成了血肉，寄居在我們中間」，就是「厄瑪奴耳」，意即「天主與我們同在」。

儘管我們未與天主同在，祂依然忍受著我們的冷淡，甚至分裂和對立，繼續和我們在一起；而祂也恆長地愛著，愛那把祂釘以難以言喻的苦難、嘲笑著祂的人們，在十字架上祈禱著：「父啊！寬恕他們吧。因為他們不知道他們做的是什麼。」（《路加福音》廿三章34節）忍受著長長的寒冷冬夜，耐心等待著、愛著那些無情打祂面前走過的人們，那些不知道愛為何物的人們。如今那份愛，那份決意「同你們天天在一起，直到今世的終結」（《瑪竇福音》廿八章20節）的天主之愛，以基督聖體的樣貌存在於我們中間。透過基督，以基督為中心，我們將完全成為一體。在祂受難前夕，為門徒們洗腳後，祂懇切地祈禱著。

O *Sacramentum pietatis*
O *Signum unitatis*
O *Vinculum caritatis*
哦　崇敬的奧蹟啊
哦　合一的象徵啊
哦　愛德的連繫啊

聖奧斯定在聖體中所見到的愛的奧祕，無非就是合一之愛的神聖標記。

「基督的救贖」，正是「愛的救贖」，戰勝將人類撕裂離間的憎惡和仇恨。基督的渴望，是希望所有的人類都能合而為一，與唯一的天主結合。更進一步地說，只要我們無法藉著愛而成為「一體」，就無法與天主結合；對近人的愛與對天主的愛，在本質上是密不可分的，這無非是我們在基督內所見到的愛的神聖姿態。《若望壹書》裡這樣說：「假使有人說：我愛天主，但他卻惱恨自己的弟兄，便是撒謊的；因為那不愛自己所看見的弟兄的，就不能愛自己所看不見的天主。」（《若望壹書》四章20節）

「所以，你若在祭壇前，要獻你的禮物時，在那裡想起你的弟兄有什麼怨你的事，就把你的禮物留在那裡，留在祭壇前，先去和你的弟兄和好，然後再來獻你的禮物。」（《瑪竇福音》五章23－24節）

對兄弟之愛的要求，幾乎等於要求愛近人優先於愛天主，甚至嚴厲地宣告：「凡惱恨自己弟兄的，便是殺人的；你們也知道，凡殺人的便沒有永遠的生命存在他們內。」（《若望壹書》三章15節）這裡說的愛，並不單指「慈悲」或「施予同情憐憫」等等這類「心理上的寬容大方」而已。那份愛裡，還有著在分裂的人們之間，甚至慘被人們所撕碎的天主的「愛的憂悶」。因著「不去愛」而受到傷害的固然是人們自己，但在此同時，還有被這些人們釘在十字架上的天主之子，耶穌基督。因為惱恨自己兄弟的，就是惱恨天主。

這個世界上，有很多富有崇高教養的人，許多優秀賢達人士，和令人尊敬的宗教家。然而，卻沒有人真的明白愛是什麼，明白如何去愛。無法去愛和不被愛的孤寂，滲透在世上的每個角落。今論及此，我無法不想起唐朝詩人杜甫那首詩，那首悲傷卻又現實的詩，或更好說，是因為太過現實而顯得悲傷的詩：

翻手作雲覆手雨，紛紛輕薄何須數？
君不見管鮑貧時交，此道今人棄如土。[53]
——杜甫〈貧交行〉

人類的友誼，就如同漣漪一蕩漾就搖晃的枯葉一般，輕易動搖。彼此之間常常因為一些微小嫌隙，就築起一道又一道憎恨之牆；就算偶爾這牆垮了，我們還是會另築一處，絕無心靈深交之可能。不知不覺間，生命就在我們築牆之時流逝告終。

即使身處被視為天使般生活的修道生活裡，也沒有人能全然自信地說，身邊絕對不會發生這樣的事。不，倒不如說，直到能更深刻地、更悲切地直視這樣的高牆，真實地懷抱著愛的憂苦，這樣的世界才真稱得上是修道生活吧；在那裡，或許沒有國家民族般的高牆。然而，在教會和修會的歷史裡仍一再顯示出，舉凡眾人聚集之處，依舊無法免去和悲慘的人性苦苦爭戰。修道生活和教會一樣，都可說是人間天

53. 出自《史記卷六十二．管晏列傳》。中國古代史記載鮑叔牙和管仲夷吾之間的忠誠友誼。管仲寫道：「吾始困時，嘗與鮑叔賈，分財利多自與，鮑叔不以我為貪，知我貧也。吾嘗為鮑叔事而更窮困，鮑叔不以我為愚，知時有利不利也。吾嘗三仕三見逐於君，鮑叔不以我為不肖，知我不遭時也。吾嘗三戰三走，鮑叔不以我為怯，知我有老母也。公子糾敗，召忽死之，吾幽囚受辱，鮑叔不以我為無恥，知我不羞小節而恥功名不顯於天下也。生我者父母，知我者鮑子也。」

國的象徵，但也不能忽略掉，這是「爭戰的天國」，是「以武力奪取而來的天國」。天主對人類最大的愛情，烙印在加爾瓦略山的十字架上。在此至極殘酷的愛之弔詭中，埋藏著基督的祈禱：

「為叫他們合而為一，就如我們原為一體一樣。」

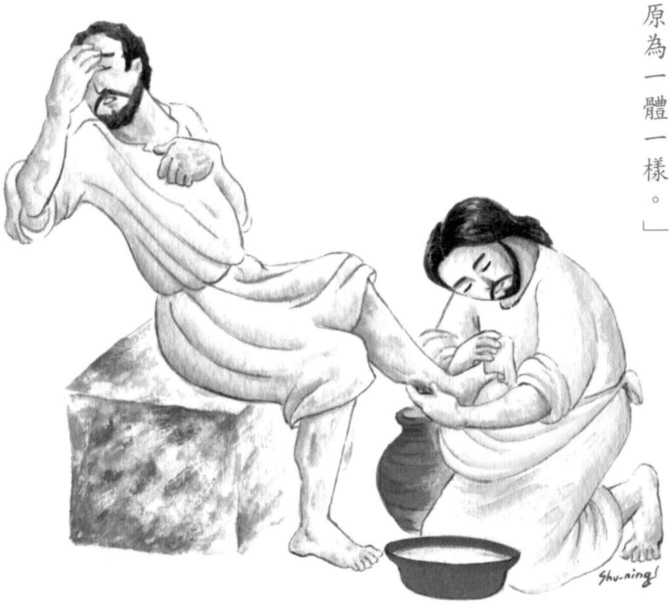

作者後記

中國有句俗話說：「本立而道生」，本書希望能在祈禱的最底端，找到祈禱的根。可以確定的是，即使是底端，也要劃開、剝除表面才看得見的，就是祈禱的根。「阻斷的祈禱」、「棄絕的祈禱」、「不做什麼的祈禱」、「無為的祈禱」……等等，字面無法表達意涵的字句，重覆不斷出現，就是為了找出祈禱的根。無論是何種祈禱形式，在天主面前決定完全棄絕自我，才是祈禱時真正應有的姿態。這是貫穿本書的中心思想。

我想起小學三年級時發生的一件事。我的家裡有一個神道教供桌和一個佛壇。不知何時從父母那兒學來的習慣，上學以前，我都會雙手合十稍做敬拜後才出門。

有一天，父親問我：「你祈禱些什麼？」因為太突然了，我頓時語塞。

「不，沒什麼…」我搖頭回答。

父親似乎對我這放鬆的回答不覺得特別意外，理所當然地對我說：「一天之中，就算只有片刻也好，只要懷著純潔的心，在神佛面前佇立，就已足夠。」

父親可能早就忘記這件事了吧，我卻是不可思議地鮮明憶起，四十年前那個早上發生的事。仰望著靠近我家房子的入口，被釘置在天花板之下供奉，白木製的小小的神道教供桌，手輕拍兩下，稍稍低首闔眼，我祈禱著。那時還年輕的父親對著甫結束祈禱的我問話的身影，以及自己年幼時的樣貌，彷如昨日歷歷在目。

之後，上了中學，我每天必須很早就出門，從岐阜搭火車到名古屋通學，但這個習慣依舊沒有改變。而且，在前往車站的路上，會經過一個岐阜人都非常親近的金神社。上下學途中，我都會順道前去那個有著小公園的神社，站在神殿前，雙手合十祈禱。雖說那時因為戰爭的關係，前往神社參拜的人增多，但我的祈禱和這件事沒有什麼關聯。什麼也不做，只是站在神的面前。只要在供桌或神殿前雙手合十，很非常奇妙地，心裡便感到放鬆，不自覺地愉悅起來。

幾年後，青年時代的我曾傾心於禪修，最終成為天主教徒，進入加爾默羅隱修會至今。不禁感慨，三個時期的我其實是以同樣專一的靈魂活到現在。

或許幼時祈禱中那顆「沒什麼」的種子，已種在「全然棄絕的不斷祈禱」裡。不管怎樣，祈禱是單純的事，不，應該說，如果不單純就不是祈禱了。而且，祈禱的單純指的並不是「一」，而是「〇」。因為，要撕破人間的「一」，才能在那裡找到天主的純粹。這也不表示，我們是在自己之內找到天主的純粹，真正的祈禱，是在天主純粹的透明之中找到自己。據此掌握祈禱的重點，是本書的基調。

雖然在討論這個問題時，我提出相當多對於祈禱的神學性說明，但並非要針對祈禱做一些神學性的解釋和分析。我甚平庸，只不過想把自己在祈禱體驗的根源中感受到的事，試著以文字來說明。因此，與其藉著文字說明，我更希望讀者能從中領會到從心而來的訊息。

從〈忘了怎麼唱歌的金絲雀〉一文開始，到被評為艱澀難懂的長篇論文〈在祈禱根底之處〉刊載於《ろごす》雜誌上，是梵蒂岡第二屆大公會議剛開始的時候。至今也已十三年餘。

如今，夜盡天明，似乎已不再是「忘了怎麼唱歌的金絲雀」，而是個以顫抖的嘴唇，死命地想要記起歌如何唱的祈禱時代。西方歐洲世界人們對於瑜珈或禪修的熱切，或這幾年旋風似地在基督宗教裡掀起風潮的聖神同禱會，都訴說著這一切。

不管哪種靈修方式，想要紮根於現代的靈修之中，都尚有太多未完全消化之處。但在聖神的推動下，這樣的趨勢也被巧妙地吸收並同化，兼之攝取其他各種部分，為活出嶄新的明天，創造出一些實際的靈修方式。

即使如此，事實上，仍有多數甚至是大部分的現代人，對於宗教抱持著冷淡、毫不關心的態度，祈禱為他們是遙不可及的事。

然而，人只要對於真正成為一個人這件事還充滿著期待，且真如尼采所言，只有不斷地超越自己，才稱為人；那麼，蘊含著死後復活神祕救恩的「完全棄絕自己的不斷祈禱」，將會在基督的復活奧蹟之內，喚醒埋藏在所有人心底深處那對於真實彼岸的憧憬。

如果這本小書，能使得願意加入祈禱的朋友增加一個也好，這將成為貧乏如我的莫大支持，至高欣悅不過如此。

一九七四年七月三十一日

旅行陸奧[54]之途中　奧村一郎

54. 陸奧國，日本古代的令制國之一，屬東山道，又稱奧州。陸奧國的領域在歷史上變動過四次，但就一般概念（即為時最久的鎌倉時代至一八六八年的領域）而言，其領域大約包含今日的福島縣、宮城縣、岩手縣、青森縣、秋田縣東北的鹿角市與小坂町。

Shuning

聖女大德蘭的靈修學校
St. Teresa of Jesus
賈培爾神父◎著
加爾默羅聖衣會◎著

聖女大德蘭的建院記
St. Teresa of Avila:
The Book of Her Foundations
聖女大德蘭◎著
加爾默羅聖衣會◎譯

聖十字若望的靈歌
Spiritual Canticle
十字若望◎著
加爾默羅聖衣會◎譯

愛的旅途
Journey of Love～
Teresa of Avila's Interior Castle
尤震・麥卡福瑞神父◎著
加爾默羅聖衣會◎譯

祈禱的美麗境界
祈り
奧村一郎神父◎著
加爾默羅聖衣會◎譯

聖女大德蘭的祈禱學校
Orar con santa Teresa de Jesús
方濟各・沙勿略・桑丘・費爾明◎著
韓瑞姝◎譯

愛，永遠不會滿足
St. John of the Cross：
the saint and his teaching
費德立克・路易斯・沙爾華多神父◎著
加爾默羅聖衣會◎譯

歡迎來到加爾默羅會
Welcome to Carmel A Handbook for Aspirants
to the Discalced Carmelite Secular Order
麥克・格利芬神父，佩琪・威爾金森◎著
加爾默羅聖衣會◎譯

神祕經驗知識論的兩盞明燈
聖女大德蘭及聖十字若望
關永中◎著

國家圖書館出版品預行編目資料

祈禱的美麗境界 / 奧村一郎著；加爾默羅聖衣會，
林安妮譯 . -- 二版 . -- 臺北市：星火文化有限公司 , 2023.03
面；　公分 .—（加爾默羅靈修：26）
ISBN 978-626-96843-3-5（平裝）
譯自：祈り

1.CST: 天主教 2.CST: 靈修 3.CST: 祈禱

244.3　　　112001096

加爾默羅靈修 026

祈禱的美麗境界

作　　者　奧村一郎神父 Fr. Augustine Ichiro Okumura, OCD
譯　　者　加爾默羅聖衣會・林安妮
內頁繪圖　許書寧
執行編輯　陳芳怡・徐仲秋
總 編 輯　徐仲秋
出　　版　星火文化
營運統籌　大是文化有限公司
業務經理林裕安
業務專員馬絮盈・業務行銷李秀蕙
行銷企劃徐千晴・美術編輯林彥君
讀者服務專線（02）23757911 分機 122
24 小時讀者服務傳真（02）23756999
法律顧問　永然聯合法律事務所
香港發行　豐達出版發行有限公司
Rich Publishing & Distribution Ltd
香港柴灣永泰道 70 號柴灣工業城第 2 期 1805 室
Unit 1805, Ph. 2, Chai Wan Ind City, 70 Wing Tai Rd, Chai Wan, Hong Kong
電話：21726513 傳真：21724355
E-mail：cary@subseasy.com.hk

封面設計內頁排版　neko
印　　刷　韋懋實業有限公司

2023 年 3 月二版首刷　　Printed in Taiwan
ISBN ／ 978-626-96843-3-5　　定價／ 320 元
感謝奧村一郎神父暨 ICS Publications 授權翻譯，中文版權屬芎林加爾默羅聖衣會隱修院。